東チモール県知事日記

Isezaki Kenji

伊勢﨑賢治

藤原書店

東チモール県知事日記　目次

東チモール県知事日記

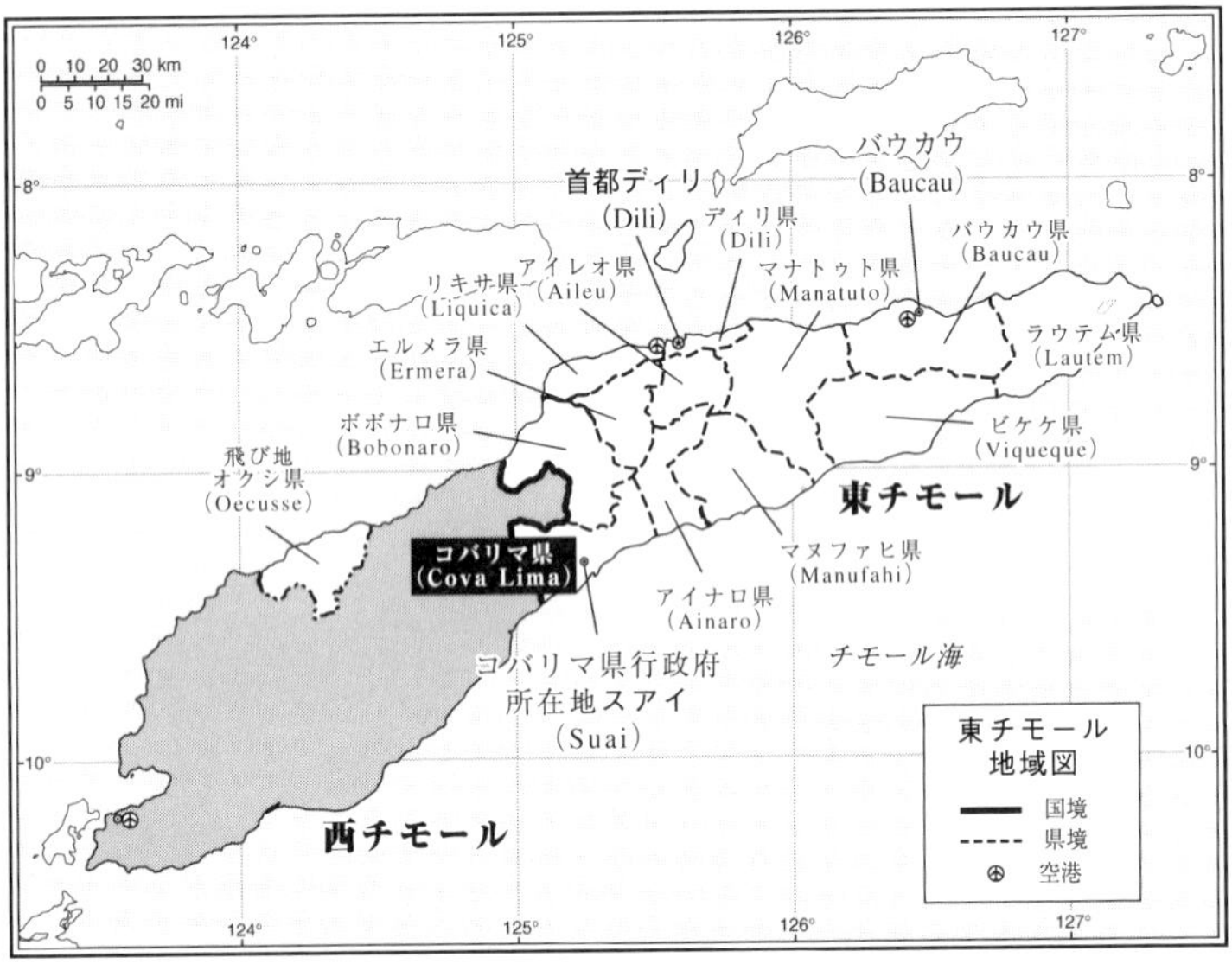

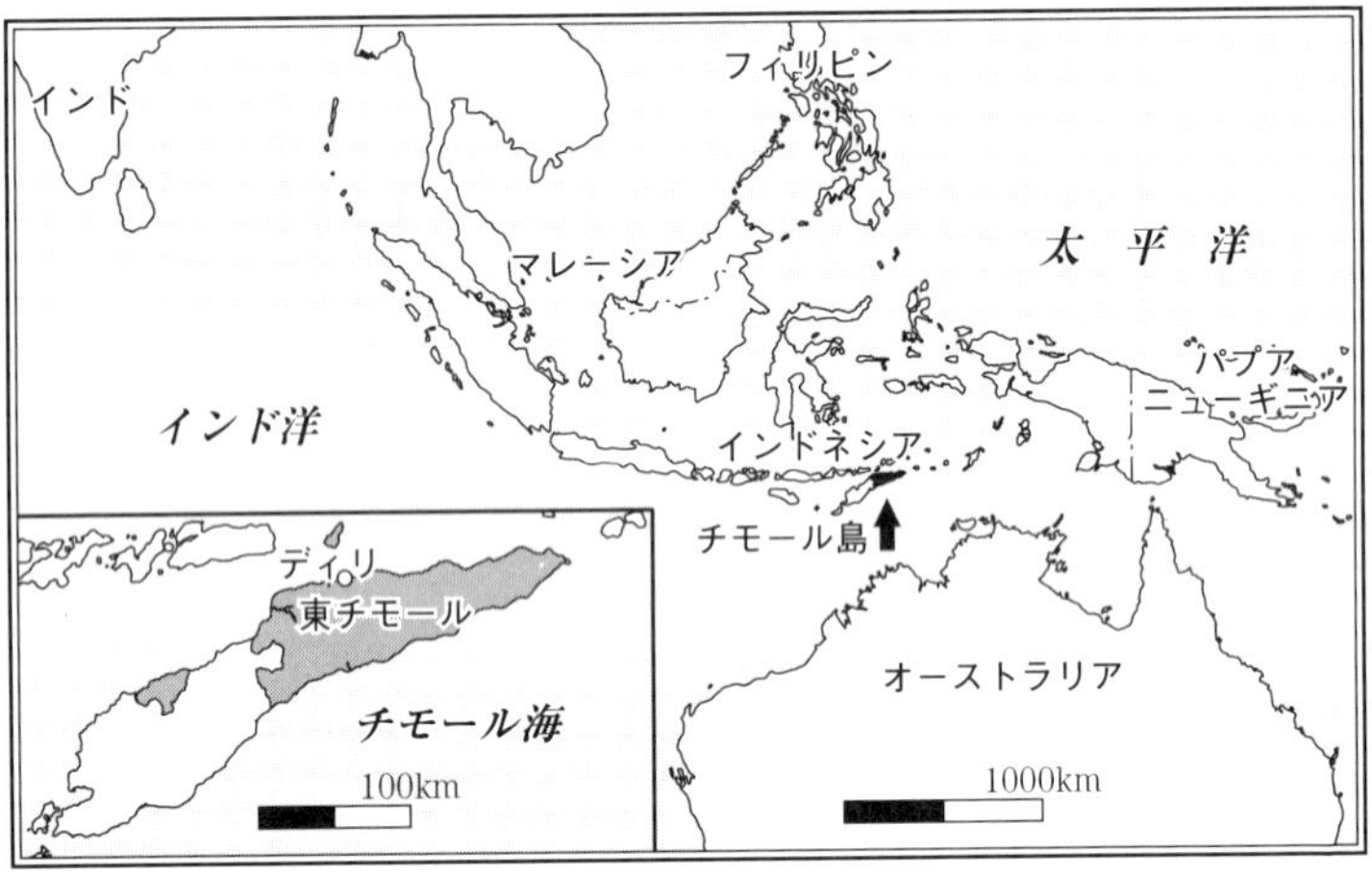

東チモール

●面積／約1万4千平方 km（長野県程度）●人口／75万人*●宗教／約9割がカトリック教
●産業／農業（コメ、トウモロコシ、イモ類が主体。輸出用作物はコーヒーのみ）、漁業。（石油、天然ガスは豊富ではない）●経済／実質 GDP 成長率 △38％*、一人当たり GDP304 ドル*
＊ 1999 年度データ（出典：UNTAET 作成東チモール支援国会合バックグラウンドペーパー）
出所）外務省 2000 年 12 月付情報 http://www.mofa.go.jp/mofaj/area/easttimor/jyosei.html［2001 年 9 月］

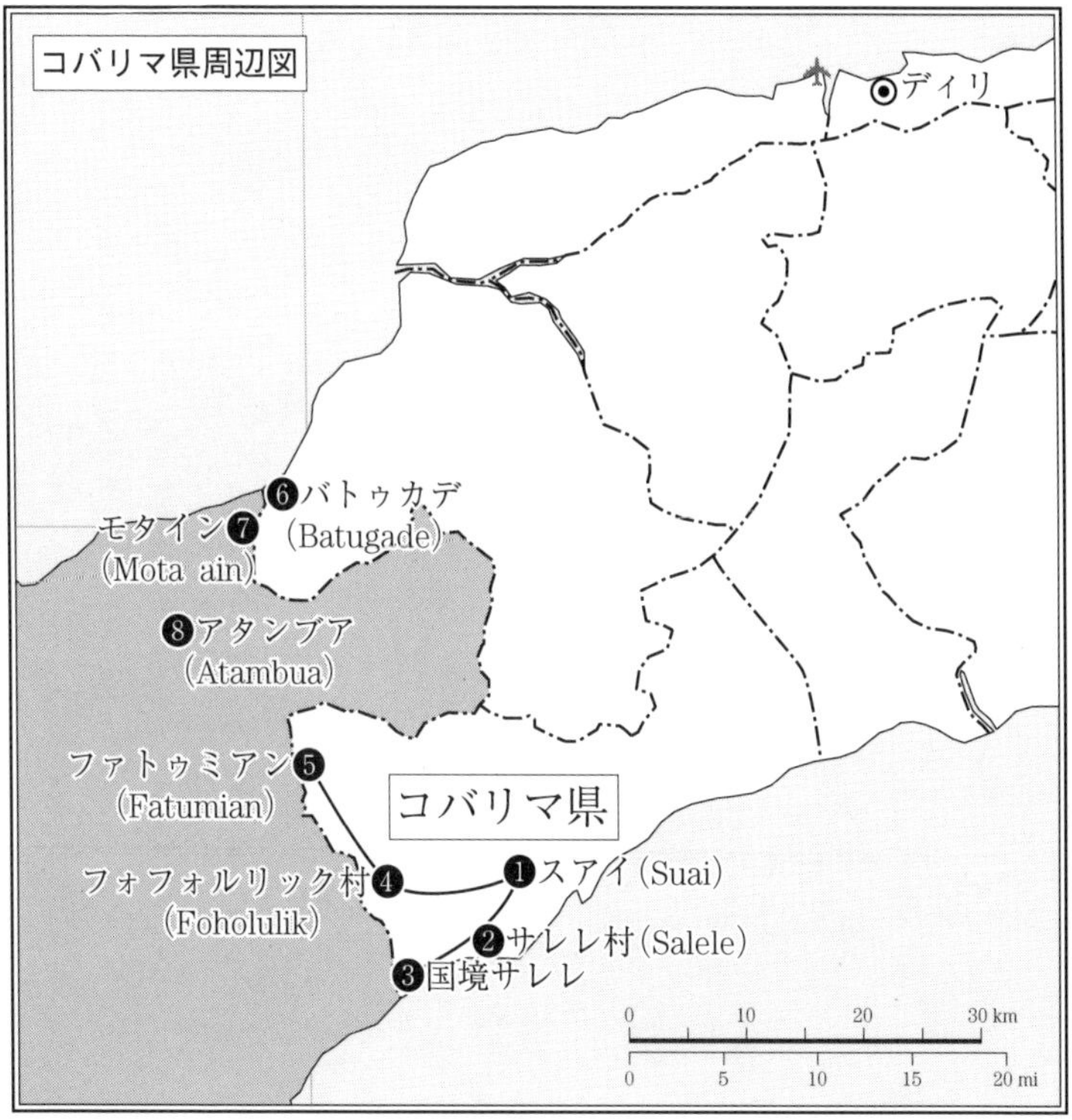

❶ **スアイ**――コバリマ県行政府の所在地
❷ **サレレ村**
❸ **国境サレレ**――西チモールからの帰還難民のメインゲート
❹ **フォフォルリック村**――親インドネシアと噂されサレレ村と民族的衝突を起こした国境の村
❺ **ファトゥミアン**――ニュージーランド軍の国境監視所がある山間部の国境の町
❻ **バトゥガデ**――インドネシア軍との円卓会議がよく開かれる国境の町。オーストラリア軍の基地がある
❼ **モタイン**――バトゥガデ同様円卓会議がよく開かれる西チモール側国境の町。インドネシア軍の基地がある
❽ **アタンブア**――2000年9月、UNHCR(国連高等難民弁務官)職員3人が併合派民兵の集団によって虐殺された町

序

■ことの始まりは一本の電話から

あれは、一九九九年一〇月上旬のある日だった。外務省国連政策課を名乗る男性からの一本の電話。「ご存知のことと思いますが(全然知らなかった……)、国連安全保障理事会が今月中に東チモールのPKOのミッションを創設致します。ご興味はございませんか?」

その時私は、笹川平和財団という団体に所属し、パレスチナ側とイスラエル側のNGO(非政府組織)の民間レベルの交流がどう中東和平に貢献するかをテーマに、研究員生活を送っていた。東チモールに対する私の知識はというと、同年八月三〇日に行なわれた独立を問う住民投票後の騒動のテレビ映像と、ゲリラの親玉にしてはニヤけたヤローだな、という印象を不遜にも抱いていたシャナナ・グスマオ氏の顔しか頭になかった。東チモールの独立支援の連帯運動をしている日本の市民団体など「東チモールファン」が聞いたら顔をしかめるような、誠に不真面目な話かも知れないが、この誘いに触手が伸びたのは、この国の独立闘争の歴史に共感するとか正義感とかいうものでは全くなかった。ただ、国連ＰＫＯ（平和維持活動）というものに惹かれたからだ。

紛争が人の力でなくせるだろうか。なくせないまでも、一度起きた紛争の再発を防ぐぐらいは出来ないのだろうか。こんな問題意識を抱いたのは、私自身のアフリカでの原体験に基づいている。

■撤退するべきか、否か

西アフリカ、シエラレオーネ内戦がピークになりかけていた一九九二年、前線に近い奥地に活動拠点を置いていた私の状況である。反政府ゲリラは、私の事業基地からもう数十キロのところまで進攻し、近隣の村々ではすでに虐殺による犠牲者が出始め、私はすでにスタッフの一人を失っていた。当時の私は、現地スタッフ総勢二〇〇名、五千万ドルの累計開発投資資産を擁し、この国の一三ある州の一つで、公共インフラ整備をほとんど丸抱えで行っていた国際開発ＮＧＯ（非政府組織）のディレクターだった。私が撤退すれば、約二万世帯の地域住民は即座に希望を失い、土地を離れ、大量難民化するのは目に見えていた。

人は、明日の糧を想い、子供たちの明日を想い、たとえ慢性的な飢餓の状態であっても、ぎりぎりの状態まで、来期植えるはずの種に口をつけるのを躊躇う。この営みを「開発」という。「開発」とは、明日を想う人々の営みである。だからこそ、どんな貧しい人々であろうと、それぞれの地にとどまり、なけなしの種を蒔き、雨を待つ。未来への投資。まことに矮小なものであるが、自らの「開発」に向けての投資である。

しかし、紛争は、それを根こそぎ、人々の社会秩序、伝統文化、人間の倫理を含めて、すべて破壊し、人々を地から引き裂く。人々の「開発」の営みが、その積年の集積が、そして我々「おせっかい者」の自己満足のための理想郷が、一瞬にして廃墟と化す。この口惜しさ。「開発」に向かう意欲さえ失わせるようなこの口惜しさ。

開発専門家を気取っていた私のプライドは、その拠り所を「紛争予防」というテーマに求めていた。東チモールにおいては、全面的な破壊の後のゼロからの独立国家建設。過去の虐殺の怨恨や内部政治的闘争が破壊的な結末に至らぬよう導く行政と、内部政治がインドネシアなどの外力によって二度と翻弄されない主権を土台から築く。それも国連という、これもまた外力によって、それを行なうという試み。私の興味をそそるのに十分であった。

NGOという非政府の世界をずっと歩き、NGO魂を公言してきた私が、今度は国連という大きな官僚社会に属し、「政府」を動かす。矛盾と言えば言えなくもないが、国連PKOの世界は、そんなひ弱な屁理屈を一喝できるほど男気のあるものである。

「ミッション」という言葉でしばしば表される国連PKO。停戦監視、暫定統治などの名目で一つのミッションが決定されると、世界中の「紛争屋」が集う。国連職員としての正規の給料の他に、「危険度」によって変動する特別手当てを目当てに、ミッションからミッションを渡り歩く。そんな「紛争に巣食う」人間たちの集団が国連PKOミッションである。

我がミッションである国連東チモール暫定統治機構（UNTAET：United Nations Transitional Administration in East

Timor）の任務は、その名の通り、東チモールの暫定統治にある。設立は、一九九九年一〇月二五日。寿命は二〇〇二年一月三一日までである。この間に、東チモールを「独立」させなければならない。このミッションの設立の背景を語るには、東チモールの歴史を少しひもとかなければならない。

その前に一つことわっておきたい。たかが一年余の滞在経験で、東チモールの専門家を気取るつもりは全くない。「紛争屋」にとって当地の歴史文化のお勉強は、通り一遍のものでいいと思っているし、そうあるべきだとも思っている。東チモールファンたちに怒られそうであるが、この道一筋的なお勉強は無用。余計な愛着が湧いてしまう。愛着は、短命であるべき紛争屋の寿命を長引かせるし、だいたい国際協力全般においても言えることであるが、良心とか正義とかを装ってしつこくまとわり続ける外人の存在ほど、当地の人々にとってうっとうしいことはないのだ。

昨今、上記東チモールファンの間では、「ヤンキー、ゴー、ホーム！」の乗りで、東チモールを国連から解放する、という構図が好まれている。私から見ると非常に的が外れている。外国人が支配する暫定統治などというものが、当地の人々に好かれるなんてことは、どんな満身の善意で接したとしても、ありはしない。むしろ、適当に嫌われる術。独立後の東チモール人による国家運営は試練を極めるであろうが、どんな状況でも、あの国連暫定統治より良かった、と人々に思わせることが大切なのだ。

だから我々紛争屋は、「よくやった。ありがとう」などという言葉は期待していない。石を投げられながら出てゆく。紛争屋は、それでいいのだ。

■国連東チモール暫定統治機構（UNTAET）に至る歴史背景

日本は人のことを言えた立場じゃないと思うが、アフリカの内戦と同じく植民地時代の旧宗主国のエゴが全ての問題の根源で、どうしても好きになれない**ポルトガル**。現在、西欧の発展途上国であるポルトガルに帰属して得られる利益は何もないと思うが、どんな被植民国もしくは被侵略国にも、宗主国もしくは侵略者への忠誠を保ち、それを自らのアイデンティティにする人達がいる。それが政治的イデオロギーにまで発展すると、「独立」が大変やっかいなことになる。

チモール島は、一六世紀初頭に**ポルトガル**が上陸してから植民地化され、抑圧の歴史が始まる。**オランダ**の勢力拡大に伴い、この島の主権は翻弄され、一八世紀にポルトガルは西チモールから撤退。**ポルトガル領東チモール**、**オランダ領西チモール**の領域が決定される。

第二次世界大戦で**日本軍**はチモール島に上陸。連合国との間で戦闘の末、東チモールを占領する。連合軍をサポートし戦闘に加わった島民の犠牲者は、四万人とも六万人とも言われているが、どちらにしろ全人口の一〇％近くが、この日本軍による占領下に犠牲になったことになる。第二次世界大戦終戦の間際、**インドネシアはオランダからの独立**を宣言し、オランダ軍と戦い、一九五〇年に独立。西チモールは、インドネシアの支配下に置かれ、東チモールは依然ポルトガルの植民地として残る。しかし、モザンビークなどポルトガルの各植民地で独立運動が激化し、**一九六〇年代から東チモールでも独立運動**が活発になってくる。

一九七四年、ポルトガル本国の独裁政権の崩壊により、東チモールの人々に大きな変化が現れ、三つの大きな政党運動が結成された。それらは、あくまでポルトガル属領として自治を目指す**親ポルトガル派**、完全な東チモール独立を標榜する**独立派**、そしてインドネシアへの統合を掲げる**親インドネシア派**である。この時期でも、多くの東チモールのリーダー達は、親ポルトガルのスタンスをとっており、完全独立と植民地主義一掃を掲げていた急進的な**ASDT**（Timorese Social Democratic Association：チモール社会民主協会）でさえも、一番勢力があった親ポルトガル派である**UDT**（Timor Democratic Union：チモール民主同盟）と同盟関係にあった。ASDTは、後に**Fretilin**（Revolutionary Front for an Independent East Timor：チモール独立革命戦線）になる。親インドネシア派である**APODETI**（Timorese Popular Democratic Association：チモール人民民主協会）は、インドネシア軍情報部門（Intelligence Service）のプロジェクトの一つであり、東チモール人の間ではほとんど支持を得られず、UDTとFretilin同盟の崩壊を目論んでいた。それが、インドネシア軍の**コモド作戦**（Operation Komodo：インドネシアに生息する人食いトカゲ、Komodo Dragonに因んで命名）であり、Fretilinの中の共産主義者勢力の過激性を強調する情報操作によって、**一九七五年五月、UDTをFretilinとの同盟から脱退させる**ことに成功。さらに同年八月には、あたかもFretilinが外国の共産勢力と一緒に全土を制圧するかの危機感を煽り、UDTにクーデターを起こさせる。UDTは首都ディリを一時的に制圧したが、Fretilinの反撃にあってインドネシア領西チモールに撤退する。

UDTを制圧したFretilinは、同**一九七五年一一月**に、**RDTL**（Democratic Republic of East Timor：東チモール民主共和国）の**独立を宣言**するものの、「親インドネシア派からの要請があった」（インドネシア軍が、西チモールに入国する条件としてUDTの面々に強制的に嘆願させたと言われる）とする**インドネシア**は、すぐに**東チモールへの侵略**を開始する。この侵略は残忍さを極め、最初の四ヶ月間で、六万から一〇万の犠牲者が出たと言われる。宗主国である**ポルトガル**は何もせず完全に**東チモールから撤退**した。

西側諸国の対応はというと、**アメリカ**や**オーストラリア**は、インドネシア軍による制圧こそ東チモールに安定をもたらすとの立場をとり、スハルト政権を支持していた。当時のアメリカ大統領フォードと国務長官キッシンジャーは、インドネシア軍侵攻の前日、スハルト大統領とジャカルタで会談していたといわれる。「Fretilin は共産主義者である」とのプロパガンダが巧妙に仕組まれ、ベトナム戦争での苦い経験とリンクさせる世論操作がインドネシアの侵略を正当化した。インドネシアを最大援助国の一つとしていた**日本**が、アメリカの立場を支持していたことは言うまでもない。

東チモール国内では、山間部に退いた Fretilin はゲリラ戦で抵抗を続けた。アメリカ、オーストラリア、そしてポルトガルまでも、インドネシア軍による虐殺行為を黙認し続け、東チモールからの情報の流出は意図的に遮断された。**ラモス・ホルタ**は世界各国を回りインドネシア軍による虐殺行為への制裁と東チモール独立のキャンペーンに奔走し、この間東チモール国内に残った最高実力者である**シャナナ・グスマオ**は、武力抵抗を全土に展開していたゲリラ部隊である **Falintil** (National Armed Forces for the Liberation of East Timor：東チモール民族解放戦線) の最高司令官に就任する。グスマオは、仇敵であるＵＤＴとの関係修正からインドネシアとの停戦の可能性を模索していた。**一九八三年**には、**一応の停戦合意**に達するものの、インドネシア軍により破られ、**一九八七年**、ＵＤＴと**最初の統一戦線**である**ＣＮＲＭ** (National Council of Maubere Resistance：マウベレ抵抗民族評議会――「マウベレ」とはポルトガル人が東チモールの原住民を指す言葉だった) を結成する。

一九九八年、インドネシアで独裁的な**スハルト政権が倒れた**ことで、東チモールにまた大きな転機が訪れる。同年四月、スハルト政権崩壊の直前、東チモール独立の唯一かつ最強の統一戦線になる**ＣＮＲＴ** (National Council of Timorese Resistance：チモール抵抗民族評議会) が結成され、**Fretilin とＵＤＴの共闘関係**が確立、

グスマオが最高指導者になる。

国連はというと、当初から東チモールのインドネシアへの帰属を認めておらず、国連安全保障理事会も国連総会も、インドネシアの撤退を要求しつづけていた。スハルトの後、**ハビビ政権**になってからは、インドネシアの対東チモール政策は軟化し始め、国連の仲介でハビビ大統領は、東チモールに**インドネシア領の自治州**として自治を認める提案を行なう。これを受けて、**一九九九年五月**、自治州としての東チモールの如何を問う**住民投票**実施の同意がなされ、同年六月、国連安全保障理事会は、投票実施を主な任務とした**UNAMET**（United Nations Assistance Mission in East Timor：国連東チモール派遣団）の設立を決議した。

UNAMETは、一千人近くの民政官、約三〇〇人の国連文民警察官（非武装）、約五〇人の軍事監視員（非武装）を投入し、約**四五万人の有権者**を登録。**一九九九年八月三〇日**、**住民投票**を実施。結果は九月四日に発表され、七九％の有権者がインドネシアの自治州を拒否、**独立国家への移行を支持**した。UNAMETは、国連PKOのひとつであるが、文民警察を擁するものの、国連軍は配備しなかった。それというのも、UNAMETの活動中の治安維持はインドネシア軍とインドネシア警察が行うという合意があったからだ。にもかかわらず、**併合派民兵**（インドネシア軍がインドネシア併合を支持する東チモール人の徒党のためにつくった組織）による、独立派住民に対するテロ行為に対して何も対処しなかっただけでなく、UNAMET職員への脅迫行為もほとんど見て見ぬ振りをしていたと聞いている。住民への攻撃は、放火、強盗、殺人、レイプ、誘拐に及び、多くの住民が死に、五〇万人近くの人々が避難生活を余儀なくされた。UNAMET職員の安全も保証できなくなり、**UNAMET**は九月一四日頃までに、ほとんどの人員の**国外退去**を敢行。国際社会の目が届かなくなったところで、破壊行為はさらに広がったと聞いている。建物という建物をほとんど全て焼き尽くしたこの破壊行為であるが、その余りの手際の良さから、インドネシア軍の積極的な関与は、公然の事実である。

国連安全保障理事会使節団は、治安維持のため多国籍軍の派遣を打診するべくジャカルタを訪問。一九九九年九月一二日、インドネシアは、オーストラリア軍を主力とする**多国籍軍INTERFET**（International Forces in East Timor）の受け入れに同意する。これをもって、**インドネシア軍**と**インドネシア警察**は、完全に**東チモールから撤退**し、併合派民兵たちも後を追った。結果としてINTERFETは、二三ヶ国、約六千余の兵力を投入し、残留民兵との衝突を繰り返しながら効果的に民兵たちを駆逐し、西チモールへ追いやったことになる。INTERFET兵士の活躍は、〝**民兵狩り**〟の様相を呈し、オーストラリア兵が仕留めた〝獲物〟と一緒に記念撮影のポーズをとったなどのレポートがあるが、民兵憎しの勧善懲悪的な世論の中で、民兵の人権問題を語る状況はないと言っていい。

同一**九九九年九月**二八日には、**インドネシアは国連にてポルトガルと共に、東チモールの主権を国連に委譲**することを同意し、一〇月一九日にはインドネシア国民議会が、圧倒的に独立を支持した先の住民投票結果を正式に承認することを決議する。これを受けて、一〇月二五日、国連安全保障理事会は、東チモール全土の治安維持と、法と秩序の回復、そして暫定行政府の設立・運営を使命とした**UNTAET**（United Nations Transitional Administration in East Timor：国連東チモール暫定統治機構）の設立を決議した。

■併合派民兵とは

虐殺、破壊行為の限りを尽くした併合派民兵に怒りを抱くのは容易い。絶対に忘れてならないのは、併合派民兵も東チモール人だということだ。何としてでも東チモールの独立を阻止したいインドネシア。インドネシア軍をバックに付けた併合派民兵が頭に巻いていた赤と白の旗はインドネシアの国旗である。オランダの植民地時代には、インドネシア独立のシンボルであった。この辺、何とも言えない空しさを感じる。

併合派民兵とは、なかなかイメージを掴むのが難しいが、日本で言うと、ちょっとした右翼思想を掲げた広域暴力団みたいなもの、と考えると分かりやすい。右翼思想とは、ここではインドネシアへの忠誠であるが、しかし、それらは日本の暴力団同様に思想とは名ばかりで、暴力と社会への恐喝にちょっと高尚な体裁を添えるたぐいのものでしかない。〝任侠〟をファッションとして気取るものの、武器と集団でしか行動ができないチンピラの集まりであり、いったん暴力がエスカレートすると集団心理で歯止めが利かなくなる。そのおぞましい虐殺の記録は、インターネット上で容易に見つけられるが、正気を失わせるインドネシア軍の策略として麻薬の使用があったと言われている。

とにかくインドネシアは、二五年間の侵略の中で、東チモールを〝インドネシア化〟することに専念したが、暴力集団としての併合派民兵の組織に直接関わったのは、インドネシア軍の中でも精鋭中の精鋭部隊といわれる **Kopassus**（コパスス：アメリカのグリーンベレーを模したと言われる）である。Falintil を支援する東チモール独立派住民を抑圧することが目的であり、最初の民兵グループは一九九〇年代半ばにできた **Gada Paksi**（インドネシア語で〝併合のための青年結社〟）で首都ディリをベースにしていた。この組織に当たっては、Kopassus 隊長 Prabowo Subianto 将軍（スハルト大統領の娘婿）が陣頭指揮をとったと言われる。

一九九八年のスハルト政権崩壊を契機に独立の機運が高まるのに比例して、インドネシア軍は併合派民兵グループの増強を図った。ハビビ大統領が住民投票の実施を認めた直後にはさらに拍車がかかり、一三県の全てにネットワークを張り、その数は一万五千人に達したと言われる。数は大きいが、ほとんどがチンピラであり、インドネシア軍が裏で援助する日当が目当てで勧誘された者や、脅されて加入させられた者も多くいたと聞く。その中でもKopassusに軍事訓練を受け、士気統制が取れている〝シリアス〟な民兵は、二千から五千人だったと言われる。

そして、九月四日の住民投票の結果発表を契機に、Kopassusは全ての併合派民兵とインドネシア軍六大隊をつかって、最大で最後の破壊工作に出る。

ハビビ大統領が住民投票実施を認める発言の後、ジャカルタに拘束中の身であったグスマオ氏は、Falintilによる独立派の武力抵抗を全て停止せよと指示。抵抗する者が誰もいなくなって、さらに虐殺と破壊行為が広がったと言われる。氏の真意は分かりかねるが、東チモール人同士の内戦という構図を国際社会に印象付けるインドネシア軍の策略を察知したのかも知れない。Falintilは二〇年以上のインドネシア軍とのゲリラ戦でたくさんの犠牲者を出し、五〇〇人から一二〇〇人位にまで減ったと言われていた。この時点で、東チモールに展開するインドネシア軍一万五千（うち二千人はKopassus）、インドネシア警察八千人、そしてチンピラまで勘定に入れたら数知れない併合派民兵に、正面きって戦うには力不足と考えたのかもしれない。分からない。

ＩＮＴＥＲＦＥＴの主力となるオーストラリアの軍事情報部は、併合派民兵組織はインドネシア軍無しでは何もできないと分かっていたから、全面的破壊工作の後、インドネシア軍が東チモールから撤退すれば、それに付いて併合派民兵も西チモールに逃亡すると踏んでいた。逃亡後も西チモール国境付近に潜伏し、国境越しに様々なテロ行為を働くだろうと考えていた。そして、治安維持の全責任を負うはずだった住民投票の期間中にインドネシア軍は、民兵に手を焼いていると自らの非力を公表し、何もしないことの言い訳にしたように、西チモールでも併合派民兵を保護し続けるだろうと予測していた。私はこの国境沿いの県の一つのコバリマ県に赴任し、まさにこの予測どおりの問題に直面することになる。

■国連東チモール暫定統治機構（UNTAET）の構成

UNTAETは、国連PKO（平和維持活動）の一つである。国連PKOは、通常、紛争当事者国の同意の下、停戦監視などのミッション（使命）を帯びて国連安全保障理事会が承認し結成される。東チモールにおいてUNTAETの前身であるUNAMETが住民投票の実施を主目的にしていたように、国連PKOは、その使命も、そして構成も、その状況に応じて柔軟に変化する。UNTAETは、一つの〝国家〟の暫定統治という使命のため、〝総合的〟な国連PKOだと言われている。その構成は、治安維持のため派兵される**国連軍**（United Nations Peacekeeping Force：二〇〇一年六月三〇日付け公表、七九五三人）、インドネシア軍との信頼醸成や国連軍そのものの行動監視を受け持つ**国連軍事監視団**（United Nations Military Observers：一一四人）、国内の犯罪など法と秩序を受け持つ**国連文民警察**（United Nations Civilian Police：一四二六人）、そしてそれらを統括する**文民暫定行政府国際職員**一〇三三人である。

個々の国連PKOには、通常、最高責任者として**SRSG**（Special Representatives of Secretary General：国連事務総長特別代表）が国連事務総長（現在はコフィ・アナン）によって指名され、UNTAETの場合は設立当初から**セルジオ・デメロ**（ブラジル人）がそれに当たっている。SRSGとは、言わば、国連暫定統治下の大統領のようなもので、彼を長とする暫定行政府には暫定内閣が組織され、以下の八つの省庁が設置されている。

○**社会開発省**（公共医療、教育、労務）
○**経済開発省**（農林漁業、商業・工業、観光）
○**インフラ開発省**（交通、電力、水道、公共土木事業）
○**内務省**（県地方行政府管轄、住民登録、税関、公共文書）
○**大蔵省**（国庫、国家予算、歳入管理）
○**政務・憲法・選挙担当省**（政務、憲法草案、選挙実施）
○**法務省**（検事、司法、裁判所、刑事訴訟管理、土地・物件管理）
○**警察・緊急対策省**（東チモール警察、国家治安、消防）

東チモールには一三の県があり、私が勤めることになる暫定政府の**県知事**（District Administrator）が各県に配属されている。県知事は、右記の内務省管轄下にあるが、機能上各県知事はＳＲＳＧから権限委譲された形で、その県に配属された国連軍、国連軍事監視団、国連文民警察、そしてその他の全国連職員、東チモール人公務員を統括する権限を負う。

■ なぜ「県知事」か

東チモールはインドネシア統治下、二七番目の州（Province）として位置付けられていた。州都はディリであり、州知事は Governur と呼ばれていた。その下に一三の県（Distritu）が行政単位としておかれ、**ボパティ**（Bupati：県知事）が任命されていた。

国連暫定統治下では、その州が〝国〟に昇格し、その下にすぐに一三の県が置かれるという構成になったが、私のような暫定政府の District Administrator が配属になっても、住民は昔からの習慣で依然ボパティと呼んでいる。日本語ではなかなか適当な単語が見つからず、とにかく District Administrator もしくはボパティの機能は、各県をかなり自治に近い感じで治めるものなので、本書では「県知事」と名乗ることにした。もちろん、国連の「県知事」は、住民からの選挙で選ばれたものでは、到底ないことを明記しておく。

組織名解説

●ＵＮＴＡＥＴ（国連東チモール暫定統治機構：United Nations Transitional Administration in East Timor）
国連平和維持ミッションの一つで、一九九九年一〇月二五日以来、国連安全保障理事会の命を受け、東チモールを独立させるべく暫定政府の運営に当たっている。

●ＵＮＴＡＥＴ代表（ＳＲＳＧ）（国連事務総長特別代表／SRSG：Special Representative of Secretary General）　国連事務総長から命を受け、国連平和維持ミッションを統括する。ＵＮＴＡＥＴにおいては発足からセルジオ・デメロ氏が任に当たっている。同時に、ＵＮＴＡＥＴが統治する暫定政府の最高責任者である。

●UNAMET（国連東チモール派遣団：United Nations Assistance Mission in East Timor）　UNTAETの前身。独立かインドネシアへの併合かを決める東チモールの住民投票の実施を主な目的に、一九九九年六月、国連安全保障理事会が設立を決議した。住民投票後、インドネシア軍と併合派民兵の攻撃により、ほとんどの要員を国外退去させることになる。「住民を見捨てて逃げた」というセリフが、東チモール人が国連を批判するときによく出てくるが、UNAMETのコアスタッフはオーストラリア領事館に残留し、多国籍軍（INTERFET）上陸まで監視を続けた。後身であるUNTAETには、当然のことながら、多くのUNAMET要員が引き続き雇用された。

●国連軍（PKF：United Nations Peacekeeping Force）　国連平和維持ミッションのコンポーネントの一つ。多国籍からなり、その中の力関係は、紛争国の和平がいかに出資国の政治的利益に関わるかによって決まる。東チモールにおいては、やはりオーストラリア軍とニュージーランド軍が大きな顔をしている。国連軍は最高司令官（Force Commander）の指揮下におかれるが、それを文民統括するのがSRSG（国連事務総長特別代表）である。

●国連文民警察（CIVPOL：United Nations Civilian Police）　国連平和維持ミッションにおいて国連軍と並ぶコンポーネントの一つ。国連軍の使命が治安（Security）の維持なら、国連文民警察の使命は法と秩序（Law and Order）の維持、という言い方がよくされるが、両者の責任範囲は交錯しがちで、現場においては、日々の確認が必要となる。小銃しか持たない国連文民警察と、オートマティック・ライフル、装甲車、ガンシップ（攻撃用ヘリ）まで装備する国連軍とでは力の差は顕著だが、UNTAETにおいては、外敵（併合派民兵）に対しては国連軍、国内の犯罪の取り締まり捜査は国連文民警察、という大まかな区分がある。しかし、越境して来た併合派民兵が国内で犯罪を犯した時、操作の主導権は？　国内での暴動鎮圧は、装備や人員の数で圧倒的に勝る国連軍の出番となるが、その発動権は？　このような問題は、個々、現場で対処して行かなければならない。

組織名解説

●国連軍事監視団（United Nations Military Observers）　国連平和維持ミッションにおいては、機構上国連軍に付随する形になっているが、国連軍より重要な役割だと私は考える。国連軍事監視団は、多国籍の将校によって構成され、一兵卒ではなれない。非武装が原則で、高度の交渉能力を生かして、インドネシア軍と国連軍の間の信頼醸成や、国内では国連軍そのものの監視を行なう。少数精鋭のエリート部隊であり、人口が多い発展途上国の軍では相当の競争を経て派遣されてくると聞いている。日本の自衛隊の派遣をめぐる終わりなき議論は、この非武装の国連軍事監視団に活路があると私は個人的に思っている。

●国連軍西部統括司令部（PKF Sector West）　八千の兵力を有するUNTAET国連軍は、東チモールを東部、中央部、西部の三つのクラスターに分け、それぞれに司令部を置いている。

西部は、西チモールとの国境を治めるため戦略上最も重要視され、歴代の司令官は全てオーストラリア人の准将である。西部統括司令部は、我が県コバリマの県庁所在地スアイにある。

●**インドネシア軍との戦略円卓会議**（TCWG：Tactical Coordination Working Group）　多国籍軍－INTERFET時代からオーストラリア軍の主導で始まった、国連軍とインドネシア軍との間の信頼醸成のための円卓会議。国境付近で日々発生する両軍の接触や誤解から起こる問題が、交戦という事態に発展しないよう、二週間に一回、国境付近に場を設けて行なわれる。

●**東チモール警察隊**（TLPS：Timore Lorosae Police Service）　将来、独立国家としての東チモールの法と秩序の維持を担うべく、国連文民警察が訓練指導にあたっている。警察官採用は県ごとに行なわれ、ディリのポリス・アカデミーに送られ三ヶ月の訓練を経て、任務に就く。採用にあたっては、過去の経験（警察や警備組織など）や体力が重視され、公正な審査を経る。我が県コバリマの第一期の採用においては、元インドネシア警察で働いていた東チモール人が混じっていたため、CNRTから激しいクレームがついた。第二期には、この点に気を付けたが、またCNRTから「当時のインドネシア警察に比べると体格が貧弱だ」とクレームがついた。

●**CNRT**（チモール抵抗民族評議会：National Council of Timorese Resistance）　一九九八年、イ

組織名解説

ンドネシア、スハルト政権が倒れる直前に結成された、東チモール独立の唯一かつ最強の統一戦線。Fretilin、UDTといった独立派〝政治政党〟を統一するものであり、シャナナ・グスマオ氏が最高指導者。村にまで届く行政機構がない状態で暫定政府を運営するUNTAETにとって、個々の村々にまで及ぶCNRTのネットワークなしでは何もできない状況である。特に、村、郡（県の下）レベルのCNRTのリーダーたちは、事実上、村長、郡行政官の役割を担っている。

●**Fretilin**（チモール独立革命戦線：Revolutionary Front for an Independent East Timor）　独立を支持する東チモール人にとって、たぶん一番多くの支持を得ている政治政党で、その前身は一九七四年に結成されたASDT（チモール社会民主協会：Timor Social Democratic Association）。対インドネシアへの武力闘争の主力を担ってきた。Fretilin の軍事部門は、Falintil（東チモール民族解放戦線：National Armed Forces for the Liberation of East Timor）である。

●**Falintil**（東チモール民族解放戦線：National Armed Forces for the Liberation of East Timor）　Fretilin（チモール独立革命戦線：Revolutionary Front for an Independent East Timor）の軍事部門。シャナナ・グスマオ氏が最高司令官になったのは、一九八六年。そのころまでには、主だったFretilin と Falintil のリーダー達は、インドネシア軍に殺されていた。Falintil は、UNTAET設立後も、武装・動員解除されず、一三県の一つアイレオ県の中だけに活動を制限されていた。今年（二〇〇一年）から動員解除と、将来の東チモール国防軍創設に向けての再統合作業が始まった。

●国連ボランティア（UNV : United Nations Volunteer）　国連組織の一つで、本部はドイツ、ボン。経験、年齢に関係なく月給一律約二千ドルで、国際ボランティアを派遣する。現場の要請から一ヶ月以内の派遣を豪語する。へたをすると正規の国連職員より経験と資格がある人材が派遣され（特に発展途上国出身者）、〝たかがボランティア〟とはとても言えない重要な任務に就いている。一方で、昨今資金繰りに苦しんでいる国連にとって、高度の人材を低賃金で集めるための都合良い手段と巷では言われている。

1 一番難しい県を任せろと言ったら、本当にそうなった

二〇〇〇年三月一二日［日］

ディリ到着から二日目。午前中。ディリ（Dili）市内を歩く。行きの飛行機の中で一緒だった同じ国連職員のイラン人電力専門家カマル氏と一緒。蒸し暑い。一時間歩いただけでくたくた。破壊がものすごい。全ての木部は焼失。内壁もほとんど抉《えぐ》り取られている。どうみても、非常に組織化された破壊である。素人の放火とは、とても思えない。

それにしても、ここの住民の人懐っこいこと。笑顔が心底素晴らしい。地獄を見ているはずなのに。町を歩いていると子供たちが、金目当てで寄ってくる。五歳ぐらいの子も。周りの大人の目を気にしながらだから、こんな習慣はまだ日が浅いと見える。これが風習化しないうちに、なんとか復興しなければならないが。

●UNTAET ディリ本部概観。「白亜の御殿」と揶揄されている。復興が進まないのに国連の事務所に金を注ぎ込むとは何事か、という非難だ。気持ちは分からないでもないが、破壊されて何もないところからの出発。ものには順序がある。“中央”から始めるのは当然。それだけでは困るが。

県知事（District Administrator）になりそうか。どうせやるなら、一番難しいニーズがある県をよこせ、と言ってやろうか。

二〇〇〇年三月一四日［火］

ついに県知事（District Administrator）に決まる。コバリマ（Cova Lima）県だ。東チモールに一三ある県のうちの一つ。インドネシア領西チモールとボーダーで接する。治安面で一番難しいと言われている県だ。

明日は朝から、一三人のDistrict Administratorが一堂に会する県知事会議だ。

二〇〇〇年三月一五日［水］

初めての県知事会議。現在までコバ

リマ県で県知事代理として勤務しているスタッフと対面する。五六歳のノルウェー人。去年の六月から、国連東チモール派遣団（UNAMET）の選挙監視団としてコバリマ県に赴任。九月の併合派民兵の破壊虐殺行為の時、いったん国外退去したものの、一〇月のUNTAET（United Nations Transitional Administration in East Timor＝国連東チモール暫定行政機構）創設後すぐに呼び戻され、それ以来同県に勤務しているとのこと。今日から、俺の側近となる。

やはり、俺が若すぎる上司と言うことで、少し抵抗が見えた。だから夕食に誘う。少し打ち解けたか。コバリマ県の生活インフラの状況など丁寧なブリーフィング（説明）をしてくれた。全てのインフラが破壊されているとのこと。かなり生活水準を落とさなければならないだろう。少し覚悟がいる。

県知事会議は、UNTAETディイリ本部のサポート不足に対する不平。かわいいもんだ。議題の一つが、UNTAET広報部の提案の「環境記念日」（National Cleaning Up Day）の実行可能性について。ディイリ本部は、これをやりたい意向。しかし、一人の県知事が吼える。町を汚くしているのは、現地の人々ではなくて、輸入品、特に一人に一日一・五リットルのペットボトル三本が配給されて、それを投棄している我々国連スタッフだと。その通りだから笑える。

二〇〇〇年三月一六日［木］

昼間は、部下になるはずの教育担当民政官フィリッペ君（モザンビーク人）と、県知事用に配属されたピカピカのランドローバーでディリ市内を案内される。小さな雑貨屋がぽつぽつとできている。ほとんどが、インドネシアからの中国製の品々。市の中央マーケットも大した賑わいだ。

二〇〇〇年三月一八日［土］

フィリッペ君の案内で、ディリ市内の西チモールからの帰還難民の受け入れ作業を見に行く。国連高等難民弁務官（UNHCR）と国際難民輸送組織（IOM）の活動。大変な厳戒態勢の中、迎えの家族であろうか、鈴なりの人々が波止場の門に。船を下りるなり、三〜四歳の子供や腰の曲がった老婆までも金属探知機の身体検査を、完全武装した国連軍兵士から受けている。併合派民兵への警戒は滑稽なまでだ。この後、仮宿泊所（Transit House）へバスで輸送され、数時間で解放されるそうだ。ディリでは、これがほとんど毎日繰り返される。コバリマ県の陸路の国境では、週二回やるそうだ。併合派民兵が帰還難民の中に紛れ込んでい

●IOM（国際難民輸送組織）によってチャーターされた船で、西チモールより難民がディリに到着。

た場合の処置はどうするのか今一つピンと来ない。UNHCR（国連高等難民弁務官）の女性職員（フランス人）の話しだと、コバリマ県では、チモール抵抗民族評議会（CNRT）が、報復リンチからの保護を名目に、併合派民兵の引渡しを要求しているらしい。政治グループであるCNRTにそんな権利はない、とこの職員は憤慨していた。この辺が、帰還難民、そしてその中に潜入する併合派民兵の扱いをめぐる、組織間（UNHCR、IOM、UNTAET、CNRT）の摩擦のあるところなのだろう。

二〇〇〇年三月一九日［日］

コバリマ県に向かう。車二台で四時間余の道中。途中、山間部のぬかるみで車輪を取られ一時間ほど立ち往生。国連というのは、四駆車両に牽引用のロープも常備させないのか。あまりの危機管理のなさに唖然とする。

山間部に入ると、滑稽なくらい警戒が激しい。何度も、国連軍の装甲車（APC：Armored Personnel Carrier）とすれ違う。一〇年前俺がいたころの内戦時のシエラレオーネとの格差に呆然となる。対空ミサイルまで持っているあそこの反政府ゲリラに比べたらここの併合派民兵なんてチンピラみたいなもの。国連の介入も無く、自国の軍隊や警察もいつゲリラに寝返るかわからない状況で暮らした恐怖がよみがえる。国際世論の注目度だけで、これほど国際協力の投資に格差が出るのか。

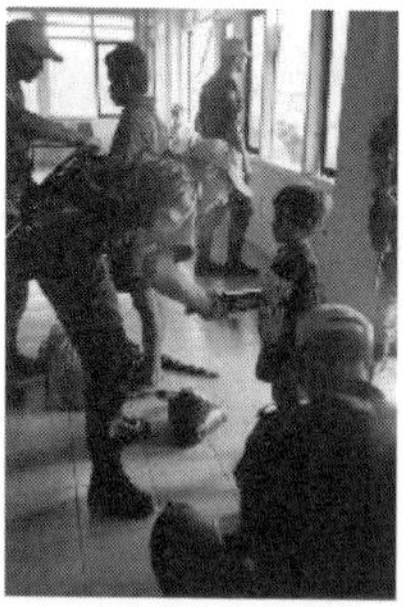

●国連軍兵士によって金属探知器でチェックを受ける帰還難民の子ども。とにかく武器の流入に神経を使う。手榴弾であればズボンのポケットにも隠せる。

●UNTAETコバリマ行政府概観。もと中学校の校舎に仮住まいしている。

道中、チモール人運転手の運転が余りに雑なので停車させて、もう一台の運転手と一緒に説教を垂れる。そのあとフィリッペ君より、これより山中では併合派民兵が攻撃するかもしれないから高速で運転するかもしれない、と釘を刺される。すこし、気負ってしまったか。自然体で行こう。

夜七時ごろコバリマ県庁所在地スアイ(Suai)に到着。我が事務所は、元中学校の、かろうじて焼け残った校舎に屋根をかけ、UNTAET行政府、国連文民警察（Civpol : UN Civilian Police）と国連軍事監視団（UNMO : UN Military Observers）が共有している。共同食堂、職員宿泊用のテント部屋も入っている。

二〇〇〇年三月二〇日［月］

仕事第一日目。スタッフと自己紹介。その後、市内を回る。

●UNTAETコバリマ行政府事務所内の様子。

午後は、UNHCR（国連高等難民弁務官）、国連軍（PKF：UN Peacekeeping Force）、国連文民警察（Civpol：UN Civilian Police）との会議。帰還難民の中に紛れ込んでいる元併合派民兵の扱いについて。UNHCRは、とにかく西チモールから難民を帰還させることしか頭にない。しかし帰還させても元併合派民兵と地元コミュニティの和解作業は困難を極める。何せ肉親を殺した奴らだから、復讐されないわけがない。しかし、併合派民兵の中にも、妻を人質に取られ、強制的に犯罪に手を貸した者など凶悪でない者もいる。それを見極めるのが一苦労。UNHCRは、西チモール側で作成しているはずの帰還難民リストを公表しない。公表すれば、民兵の疑いのある人物が復讐の危険にさらされる、というのが理由だ。人権保護の立場からリストの機密性を固持する。ごもっとも。しかし、和解作業にとっては、国境を

●市内の小学校。徹底的に破壊されている。こんな状態でも、教育は行われている。ボランティア教師への手当の支払いが UNTAET 行政府の役割の一つ。

通過する際にそのリストを取得し、元併合派民兵の有無を確認し、我が国連文民警察とコミュニティ行政官（District Field Officer）たちが村にそれを伝え、受け入れるか否か（復讐の可能性があるか否か）の反応を見なければならない。これには時間がかかる。もちろん、凶悪民兵は、国連軍によって即座に拘留され、国連文民警察に引き渡される。それほど凶悪でない民兵の扱いは、和解作業にゆだねなければならない。

だからそのＵＮＨＣＲの帰還難民リストがいつ我々の手に入るかによって、村への通知とそれに伴う和解作業が左右される。ＵＮＨＣＲが固持するリストの機密性が、今日の会議の重点ポイントだ。現在そのリストは、国境を警備する国連軍には凶悪民兵捜査のため手渡されているが、そこまで。ＵＮＨＣＲ代表の男。こやつの表情に、このリストの所有権を盾に優位を誇示する態度が見えたので、ちょっと熱くなる。その人権とやらのリスク。つまり、そのリストを公表することによって被るリスクと、公表しないことによって村への通知が遅れ和解作業が滞ることによる人命へのリスクを比べた場合、どちらが大きいかとこやつに怒鳴る。結局、ＵＮＨＣＲは難民リストを国連軍に引渡し後、国連軍の責任でＵＮＴＡＥＴ行政府と国連文民警察に引き渡すことを強制的に合意。そのＵＮＨＣＲ代表の男は責任逃れのためか、ＵＮＨＣＲディリ本部を通してくれと懇願。そんなことをしたらこの国連の官僚主義のこと、どれくらい時間がかかるか目に見えている。すべての責任をこの俺に被せろ。最悪の場合は、俺がくびになるだけだと言ってやった。これで、合意。

●スタッフが自費で修復し移りたがっている元ホテル。オーナーは、インドネシア人だから帰ってくる可能性はゼロ。こういう物件は破棄されたもの（Abandoned Property）と見なされ、暫定政府であるUNTAETの所有物となる。県において県知事がUNTAETを代表するから、この物件の用途は俺が決められることになる。ちなみに、現在、UNTAET発行の条例では、県内全ての公有地、公共建設物（ほとんどが破壊されているが）は県知事が管轄。つまり俺が領主（Land Lord）なのだ。滑稽だが。

●旧県庁舎跡。これも見事に焼き尽くされている。飴のように溶けたガラスの破片があちこちに。炎の強さを物語っている。ここにプレハブ家屋（通称「神戸ハウス」、日本のプレハブ業者から国連が購入）を21戸建設し、UNTAET事務所は引越し予定。トイレ、シャワー、発電機が完備されるのだが、我々国連職員が国連所有の家屋に住んだ場合、「家賃」が給料から天引きされるのが国連のシステム。こんな話しに乗るバカはないから、国連スタッフは修復可能な民家探しに躍起。

やれやれ。

二〇〇〇年三月二一日［火］

帰還した元併合派民兵の和解作業を視察する。

●中央のやせた男が元併合派民兵。国境をひとりで横断し村に帰ったものの、親戚一同に袋叩きに合い、やっとのことで逃げ出し西チモールに帰ろうとしたところを国境の警備にあたっていた国連軍に保護された。国連文民警察二人（バングラディッシュとポルトガル人警官）とコミュニティ行政官、UNHCRスタッフとで、この男を迎えに行き、郡リーダー（コバリマ県には7つの郡行政区がある）に、和解が可能かどうか伺いをたてに来たところ。この郡リーダーは、なんとこの併合派民兵の親戚で、リンチを止めたのは彼だと言う。この元民兵は小者らしく犯罪らしい犯罪は犯していないというので、本人の意思を再確認し、村に戻ることで一件落着。村人全員に許しを請うことになる。犯罪を犯していれば、国連文民警察に引き渡され、場合によっては裁判を受けるためにディリに送還するのが現在の手続き。

●これが我が県とインドネシア領西チモールとの国境。向こうにインドネシアの国旗が見える。UNHCR の車に先導された難民を乗せたトラックが国境を越えるところ。

●この日の到着帰還難民100余名。この後、仮設テントの中で国連軍による武器探知の身体検査、重犯罪人のチェック、UNHCRによる入国登録作業。

2 国連軍のお手並み拝見

二〇〇〇年三月二二日［水］

国連軍ニュージーランド大隊（攻撃歩兵部隊）基地、通称ＫＩＷＩ（国鳥に因んで名づけられた）を表敬訪問。情報将校のロジャース少佐が案内してくれる。圧巻は、集中治療室まで兼ね備えた野戦病院。テントづくりだが、空調までしてある。しきりに、人道支援への貢献を強調。東チモール人も数多く治療したとか。

数人の情報将校相手に、警備の戦略、治安情報の一般への流布について話し込む。俺の中に、やはり武器を持って体を張っている連中に男気を感じてしまう心があるからか、少し気後れしてしまう自分が恥ずかしい。武器を持たないことが一番勇気の要ることなのに。

ＵＮＴＡＥＴでは、文民統治を体現するために国連軍は県知事の統括下に置くことがポリシーとして決定している。これは、県知事である俺が、国連軍の一兵卒に命令を下すことではない。兵の指揮を摂る大

●国連軍ニュージーランド大隊基地正面入り口。県内に展開する 1000 人余の歩兵部隊を統括する。

隊の隊長が、県知事を権威と見なし、大きな部隊の展開や、国連文民警察との提携の際、俺に伺いを立てるということだ。インドネシア支配下、軍の支配下に置かれることに慣れ切っていた東チモール人に、軍隊は文民統治下にあることが理想国家の姿なのだと印象付けるためなのだ。しかし、我が行政府の設備とこの基地の設備の格差……。定期報告を隊長に命じることぐらいしか、文民統治の長たる権威を見せ付ける方法はないではないか。それ以外に、どう、ここの民衆に「印象」づければいいのか。

二〇〇〇年三月二三日［木］

国連軍事監視団のブリーフィングを受ける。英国陸軍ウォールトン中佐が隊長。マレーシア、パキスタン、エジプトなど多国籍二〇名の、陸軍で言えば大尉以上のランクの将校たちで構成されたチームを指揮する。国連軍と国連軍事監視団との棲み分けに焦点。監視団は、一応、中立が原則。西チモールに展開するインドネシア軍と国連軍が交戦する事態を回避するため、間を取り持つ。一応、西チモール側、国境線から五〇〇メートルまでなら行き来が可能。国境は、インドネシア軍と国連軍がにらみ合っている状態なので、監視団が唯一国境を自由に行き来できる存在。国境付近のインドネシア軍は、西チモールに潜む併合派民兵を制圧するために積極的な協力があるらしい。インドネシア軍＝併合派民兵というステレオタイプ的な考え方は、現在では少し注意した方がいいらしい。

二〇〇〇年三月二四日［金］

国連軍ニュージーランド大隊、装甲車（APC）による警戒パトロールに参加する。ロジャース少佐による計らい。装甲車二台を連ねる。各車、搭乗員三名。この隊のキャプテンは、ジャクソン大尉。まだ三〇歳。機銃塔に座り、てきぱきと指示を出す。このパトロールの目的は、武力の存在をアピールし、住民に安心を、敵に脅威を、というもの。午前八時スアイを出発。とにかく、ニュージーランド人の英語の分かりにくいこと。装甲車の中では、騒音のためヘッドホンとマイクロフォンを通しての会話になるので、なおさらフォローできない。ジャクソン君は、コソボの国連平和維持軍にも参加したそうだ。東チモール行きが決まったとき、お袋さんに泣かれたそうだ。この兵士達、特にこのキャプテンの振るまいから、住民に対する配慮については、かなり良く教育が行き届いていると見える。この警戒パトロールは、週に四回行われるという。ＵＮＴＡＥＴ行政府の役割については、やはりこのレベルの兵士には余り知識がないようだ。

●これは、6 ないし 10 人の兵士を輸送するための装甲車(APC：Armored Personnel Carrier)。頭に機銃が 2 つ。これが、警備のため県内を動き回っている。20 台余あって、フルに起動しているのは 6 台。ここは、ニュージーランドの隊。娯楽施設の中に、若い兵士たちの教育（通信教育）のための教室も見られる。若いのだと 17 歳。絶句。

俺はここの知事だと言ったら、やっと分かってくれた。正午に隣の県のボボナロ村基地に到着。昼食を基地の兵士達と一緒に摂る。午後四時スアイに帰還。ジャクソン君、礼を尽くしてくれたつもりなのか、わざわざ事務所の中庭にまで乗り入れ、俺を降ろすために後部の電動大ハッチを開けてくれたものだから、職員たちが大騒ぎ。

二〇〇〇年三月二五日［土］

約二〇人の国連行政官たちの俺が仕切る初のミーティング。ちょっと、気負ったか。国連車両管理など管理的なこ

●国連軍装甲車（APC）に乗り、得意満面の筆者。この辺の性格は軽薄でいやだが、直らない。

とが全くお座なりにされていたので、ちょっと「……べき論」を過ぎたきらいがある。今の段階ではまず聞く耳を持たなければ。少し気を付けよう。

午後は、この県に七人いる郡リーダーの一人と会談。国連は必要悪であり、一刻も早く出て行くべきであると、（たぶんアフリカでは受けたであろう）得意の感情移入作戦を使ったが、反応なし。ここの人は、やはりアジア人だ。それとも、だまされ続けてきたから何事にも懐疑的なのか。でも、人は良い。第二次世界大戦中の日本の侵略に話題を向けると、まだ塹壕の跡が近くに残っているという。ヒマが出来たら覗きに行こうという。

●途中の国境付近で、パトロール中の歩兵小隊と合流。2〜3日分の装備を身につけ徒歩で併合派民兵の侵入を警戒する。

晩飯はフィリッペ君が鶏を絞め、料理してくれる。だれかれとなく食材を持ち寄り、同じ釜の飯を食う。チームの雰囲気。

ディリに送った車が、帰る途中、隣の県で事故。帰還不能。六時以降は、治安上の理由で移動禁止だから、レスキューは送れない。運転手と同乗のインド人電気技師には、車中に泊まるように指示した。数日前に赴任したばかりのインド人。当初から散々な目。

二〇〇〇年三月二六日［日］

けだるい日曜日。何もすることがないから、みな事務所に出て働く。フィリッペ君と人事担当ネパール人民政官インドラ君は、命じて

●皆、このようしてテントで寝ている。昨日は、法律担当ジンバブエ人民政官シポー君が、市内の焼け残った家屋の一つを自費で修理し、テント生活から脱出。

おいた国連車両の管理表を頭を突つきあわして作っている。我々が任務に使う車両は組織にとって「広告塔」のようなもの。職員の私用をコントロールしないと、即、職権乱用、だらしない組織として住民に映る。

二〇〇〇年三月二七日［月］

我が県に七つある郡行政区ズマライ（Zumalai）で、村の代表者達を前に初演説。こういうのをタウン・ホール・ミーティングという。知事と住民が膝を突き合わせ忌憚のない意見交換をする場である。郡リーダーから、ボパティ（県

●タウン・ホール・ミーティングの様子。女性グループの代表も上席に座る。女性の発言力は伝統的に抑圧されていると言うが、筆者が経験したアフリカ（シエラレオーネ、ケニア、エチオピア）ほどではない。

知事）と紹介されたので、ただの国連官僚のお邪魔虫であることを強調。受けた。

二〇〇〇年三月三一日〔金〕

県知事会議のためディリへ。一三県の全てに正規の県知事達が着々とが着任しているからか、体制が整いつつある。県知事だけの懇談会を一日かけて行う。中央集権の体を呈してきたUNTAET暫定政府へ、地方の鬱憤が蓄積している感じ。

3 インドネシア軍と初対面

二〇〇〇年四月一日〔土〕

国連軍西部統括司令部（八千の兵力を擁するUNTAET国連軍は、東チモールを東部、中央部、西部の三つのクラスターに分けそれぞれに司令部を置いている。西部は西チモールとの国境を警備するため最も重要視されている。西部統括司令部は我が県の県庁所在地スアイにある）の司令官、ルイス准将（オーストラリア）の依頼で、インドネシア軍との戦略円卓会議（TCWG：Tactical Coordination Working Group）に出席。これは、一九九九年九月の併合派民兵による虐殺破壊行為後、オーストラリアを主体にした多国籍軍が介入、併合派民兵をインドネシア領西チモールへ駆逐した時から、国境においてインドネシア軍と武力衝突をさけるため信頼醸成（Confidence Building Measure）の場として設けられたのが始まり。現在に至っては、民兵制圧ということにおいてインドネシア軍と国連軍の目的は一致しているが、周知の通り、併合派民兵はインドネシア軍の産物。インドネシア軍は一〇〇％は信用できない相手であるが銃を構えつつも握手しなければならない相手なのである。

今日の円卓会議は、飛び地のオクシ県（Oecussi District）、ボボメト（Bobometu）という国境沿いの村で開催。ディリから、ＵＮ軍用ヘリで朝七時一五分発。乗客は俺だけ。まずスアイに着陸、ルイス准将、ニュージーランド大隊隊長、国連軍事監視団隊長、国連文民警察署長が乗りこみ離陸。隣のボボナロ県（Bobonaro District）、マリアナ（Mariana）に着陸、オーストラリア隊と合流。一時間ほど兵舎で本日の議題について会議。そして一路、飛び地のオクシへ。西チモールの上空は飛べないので、いったん海上に出て、午前一〇時に到着。国連軍ヨルダン隊が出迎えてくれる。国境ボボメトまで車で移動。一五分ぐらい待つと、西チモール側からインドネシア軍の面々が現れる。西チモール国境統括司令官。国境に展開するインドネシア軍四三二部隊隊長。西チモール、アタンブア（Atambua）警察署長など。俺は、ルイス准将に新メンバーとして紹介され、上席へ。

議題。

［一］戦略的緩衝の目的で始められたこの会議を、いかにその他の民事を議論する場に昇華させるか。例えば、窃盗などの犯罪者が国境を越えて逃亡した場合のインドネシア警察、国連文民警察との提携。国境の入国管理、税関をどう設置するか。こういう国境に関する全ての問題を扱う東チモール・インドネシア国境管理委員会（Joint Border Commission）の設立に向かう同意を確認。その下に、関税、国境貿易、警察間協力などの個別小委員会をつくる。ＴＣＷＧも小委員会の一つになる構想。

［二］国境の闇市場について。もちろん闇市場は違法であるが（関税法がまだ存在しないので何をもって不法と見なすかははなはだ危ういが）、インドネシア製品が西から東へ、穀物や家畜などが東から西へ、既にトレード

されている。同じく国境を擁するボボナロ県内に一箇所この闇市場があり、国連軍とインドネシア軍がそれぞれの側で入場する全ての人間のボディーチェックなど警備に当たっている。「闇」であるから閉鎖するのが道理であるが、どうしたって民衆レベルの交易を止めることはできないので、取り締まると「拡散」する可能性が大。拡散してしまうと、監視が困難になり、武器の流入を止められなくなるというジレンマがあるのだ。しかし、三月七日に現在の闇市場で殺傷事件があり、以来、国連軍オーストラリア隊が一時閉鎖中。拡散を恐れたインドネシア軍が再開を提案する。警備の増員とボディーチェックの再徹底を条件に再開を合意する。

［三］〃国境〃のこと（文中、国境という言葉を便宜上使っているが、東チモールがまだ公的に独立国家になっていない現在、厳密な意味で国境は存在しない。〃国境〃の位置はポルトガル時代からのものを踏襲しているが、現在では国連軍、インドネシア軍の戦略境界線（TCL：Tactical Coordination Line）以上の意味はない）。TCLの再確認。先月、ポルトガル統治時代の地図を使って国境付近をパトロール中の国連フィジー隊が間違ってTCLを超えてしまい（馬鹿な話だ）、インドネシア軍と交戦寸前の緊張する事件あり。一九八四年製の（我々も使っている）二五〇〇〇分の一のものを使うことを再確認。

［四］先月、国境で西チモールから侵入した住民八人（男五名）が国連軍フィジー隊に逮捕された事件の背景の説明をインドネシア軍が要求。男五名は併合派民兵の疑いがあることが付近の住民の証言から判明、拘束中。女三名は西チモールへ送還した。こういう事件は、東チモールに帰れば即逮捕、という風評を西チモール残留難民に広め、難民帰還作業を妨げる可能性あり。こういう事件が起ったら、もっと早期に説明して欲しい、ともっともな意見をインドネシア軍がのたまう。だからこそ、警察間の協力が今後重要に

●机を挟んで右側がインドネシア軍、左側が国連軍の面々。それぞれが通訳を擁し、笑顔を作りつつも緊張した会話が続く。

なる。

［五］もう一つインドネシア軍から。ボボナロ県管轄国連軍事監視団の将校一人（アメリカ人）が、非常に高圧的な態度でインドネシア軍兵士に接し、ちょっとしたトラブルになった事件。監視軍隊長が、正式に謝罪。当のアメリカ人は責任を取り、転任したことを説明。インドネシア軍納得。以上。

来週、水、木に予定されていた、UNTAET代表（国連事務総長特別代表＝SRSG：Special Representative of Secretary General）デメロ氏のスアイ訪問が、延期されたとの情報。エイプリルフールかしらん。準備が進んでいたのに、イベントを予定していた住民、NGOにどう言い訳しようか。それにしても、今日のヘリ。両サイドの大扉を開けたままで飛行。風を顔に受けながら、鳥になった気分。

二〇〇〇年四月二日［日］

国境付近を移動中の我が国連軍事監視団に向けて、併合派民兵と思われる小集団が発砲。ファトミアン郡（Fatumean Sub-District）で、村人から民兵目撃の急報を受けて移動中に起きた。民兵は、西チモール側に逃走。監視団は銃を携帯しないから、非武装要員に対する初めての攻撃。

二〇〇〇年四月三日［月］

事務所内スタッフミーティング。ディリ中央行政府と我々県行政府の関係が時として混乱する。暫定政府における県知事は、UNTAETを代表するSRSGから権限委譲され、その県において国連を代表し地方行政府を統括する。しかし、ディリの中央政府には通常の政府のように省庁があり、県行政府にそれぞれの出先機関を置く。それが教育担当、人事担当などの民政官たちであり、現場においては県知事の直接管轄下（つまり人事評価は県知事の責任）にある。このまま〝チモール化〟（東チモール人の公務員を雇用訓練し、行政の責任を移行していく事）が進めば、例えば公務員教師は教育担当民政官の管理下に置かれる。問題は、時として中央各省庁が、県知事を通さず、各担当民政官に対して直属上司のように振舞うことがあるのだ。これをやられると、途端に現場の指揮系統がガタガタになる。UNTAET代表のデメロ氏から県知事、その県知事を各郡において代表するコミュニティ民政官が「縦の指揮系統」だとすれば、各省を代表する担当民政官は「横の指揮系統」。縦と横がうまく機能するには、全てが意志の疎通、この県行政府内のチー

コバリマ県行政府組織図

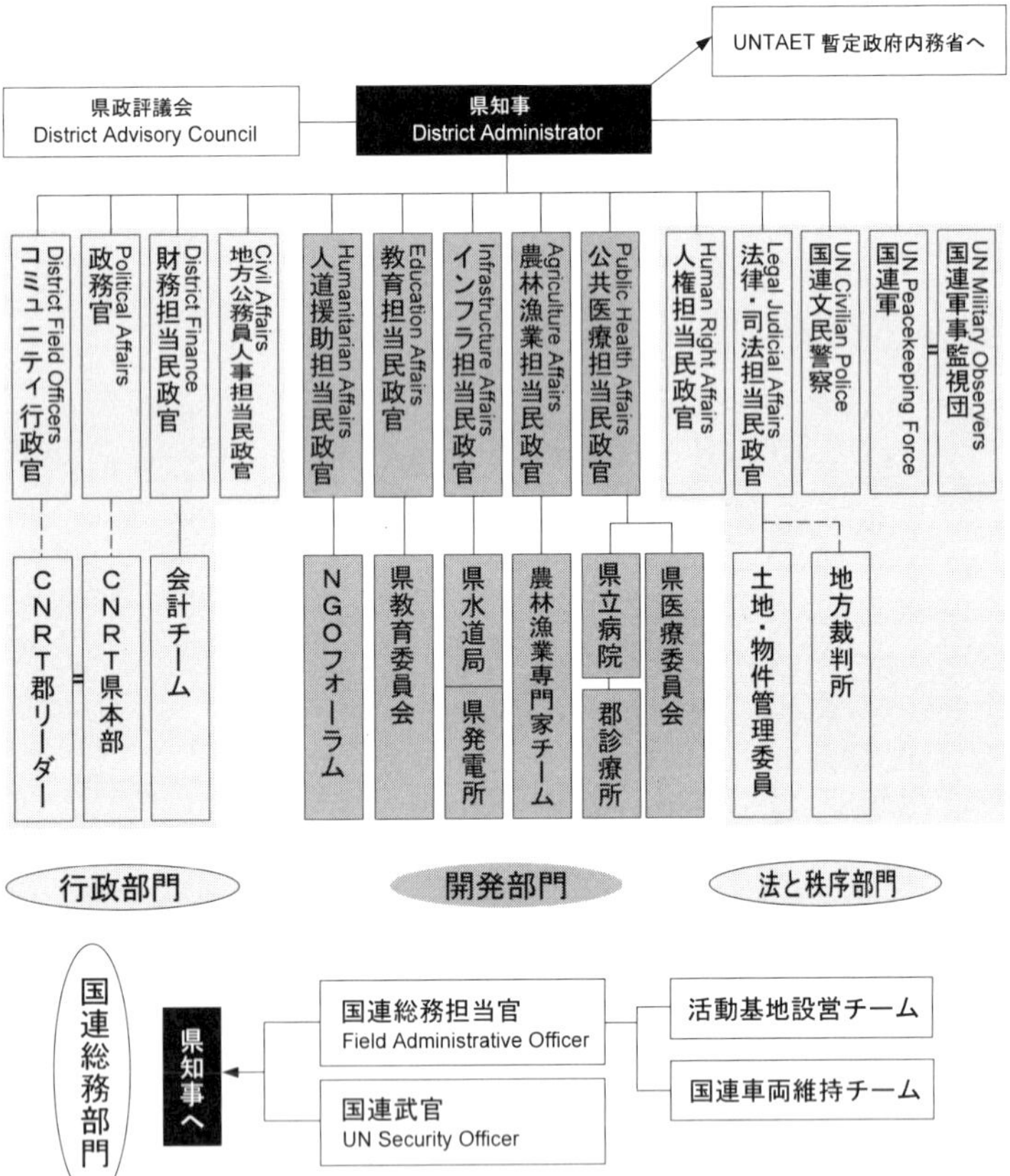

ムワークにかかっている。

アイルランド人の新任国連ボランティア（UNV）到着。財政管理のバックグラウンド。陸軍大尉まで行って退役したとか。その後、国際赤十字やNGOのスタッフとしてルワンダ、カンボジアなんかにいたそうだ。使えそうな奴。財政担当民政官に任命。

二〇〇〇年四月四日［火］

ガンビア人の新任UNV到着。年は五〇代半ば。大使を数期経験し、つい最近までニューヨークで国連大使を勤めていたそうだ。政務官（政治面での俺のアドバイザー）にするか。

国連軍ニュージーランド大隊隊長、国連文民警察署長、国連軍事監視団隊長との定期会議。少しは議長として振舞う貫禄が出てきたか。西チモールからの難民受け入れの問題。先月の帰還難民のリストをめぐるUNHCR（国連高等難民弁務官）との問題提議が、ディリのレベルでのUNTAET、UNHCR間の合意書にまで影響を及ぼした。プロアクティブな（Proactive：先手の）アプローチの典型的な成功例。この調子で行こう。

夜六時に、英国政府の使節団のインタビューを受ける。少しまくし立て過ぎたか。まだ着任以来三週間目なのに、はったりをかませる自分が怖い。

二〇〇〇年四月五日［水］

我がスタッフの三人が国境付近で誤って西チモール側に侵入。ことの重大さが分かっていなかったらしい。遊び半分だったらしい。しっかりお灸をすえる。

もっとアホなのは、夕方、国連軍事監視団のパトロールに便乗した文民警察官も誤って、西チモール側に進入、車が故障し立ち往生。レスキューの無線を俺が探知。すぐに署長に連絡。（彼は無線を傍受していなかった……）。軍事監視団は、中立が建前で、武器を携帯していないから、国境の一定距離内を行動可能。しかし、国連文民警察は別だ。ピストルを携帯している。インドネシア軍に見つかっていたら外交問題だ。

サレレ郡（Salele Sub-District）でタウン・ホール・ミーティングを開く。ここの郡リーダーは、なかなかの人格者だ。俺は今日も演説をぶつ。軍を文民統治する行政府の役割（Military Under Civilian Control）、と行政府の中立性（Non-political Civil Administration）の二点。俺もよく言うよ。

二〇〇〇年四月六日［木］

我が県に七つある郡のひとつ、フォフォレム（Fohorem Sub-District）に行く。フィリピン人の神父が常駐し頑張っている。底抜けに明るい。

アメリカ合衆国国際援助庁（USAID）の雇用促進プロジェクト（TEP：Temporary Employment Project）。約一千万円の予算を県知事にポンとくれる。たいした発想だ。復興期のこの国では現場の裁量で動かせる予算がどんなにありがたいか。とにかく迅速。破壊された道路整備や家屋の補修事業など、単純労働を要するものならなんにでも使える。とにかく事業を開始し、その労働者の勤務レコードを取っておくだけ

●伝統的織物タイス（Tais）を織る女性。フォフォレムにて。

●この国連軍ヘリは、ベトナム戦争映画に良く出てくる奴。そもそも両サイドに扉がなく、機銃が装備されているだけ。座席もない。床に簡単なベルトがあり、それで体をくくりつけ、両足を外にぶらぶらさせて、デッキに座る。トラックの荷台に腰掛けている感じ。風で靴が飛ばされそうになる。操縦士、気を利かせてくれて、国境すれすれまで飛びインドネシア軍をあざ笑うかのように急旋回。地面が真下に。究極のスリル。

で、監査的考慮は完了。これで、やっとUNTAETが何かやっていることを誇示できる。本当に、口ばかりではしょうがない。

二〇〇〇年四月七日［金］

国境近くの山奥にある国連軍基地、ベルリック・ラタン（Belulik Leten）へ軍用ヘリで飛ぶ。国境警備のブリーフィングを受ける。先日、パトロール中の国連軍事監視団が発砲された場所はここから車で一〇分。この基地に駐屯する小隊（Platoon）はニュージーランド隊。歩兵によるパトロール

●国連軍ヘリの機銃越しに西チモールを望む。

は、圏内全ての村を一日から二日に一度くらいの頻度。よくやっているが、やはり、村で何かが起きても、国連軍が探知するまで少なくとも一日かかる。庶民に手が届く通信インフラがない状況では、これが限界か。

チモール抵抗民族評議会（ＣＮＲＴ）による暴力沙汰を良く耳にするようになる。併合派民兵の夫を持つ（男たちは西チモールに潜伏）の女性たちに対する暴行、レイプ。復讐のためだ。今日、国連軍のリポートにあったのは、リキサ県（Liquica District）で起った事件。なんと、一人の女性の乳首を切り落としたそうだ。復讐の悲劇が繰り返される兆候か。国連文民警察は力不足であることと、ＣＮＲＴが絡む政治問題を気にしてなかなか起訴できない状況。ＣＮ

●教育担当民政官フィリッペ君が頑張って、合衆国国際援助庁（USAID）から寄贈されたサッカーボールで、サッカー大会を開催。途中で、我がスタッフも参加。大いに住民を楽しませた。良い交流の機会になった。若者をなんとかこちら側に引き込まなければならない。さもないと暴力集団にどんどん取りこまれてしまう。

RTディリ本部も、総選挙を前にしてか、地方で同朋が起こしている問題に対して及び腰。俺の県で同じことが起ったら、どう対処しよう。幸い、我が県は国境にあるため国連軍を一番大勢配備しているので、今のところ静か。つまり、銃の威力によって復讐を抑えているのだ。

二〇〇〇年四月八日［土］

やはり軍人はアホか。四月五日に、国連軍事監視団の主導で、チモール抵抗民族評議会（CNRT）コバリマ支部と西チモールに展開する併合派民兵の組織UNTAS

（「Uni Timor Aswain」、Aswain は英雄という意味。ＵＮＴＡＥＴと酷似。馬鹿にしている）との間の和解のための円卓会議を国境サレレ（Salele：我が県一番南の国境）の橋の上で開いたらしい。ＵＮＴＡＥＴ行政府つまり俺に何の承諾もなしに開いたのだ。ここまでなら、まだ許せる。監視団は、非武装中立の立場だから、コーディネートするのは理にかなっている。しかし、許せないのは、たまたま今日手にしたこの会議の議事録。監視団隊長ウォールトン中佐が、ＵＮＴＡＥＴを代表しているみたいな発言をしていること。もっとひどいのは、この議事録、ＵＮＴＡＥＴのレターヘッドを使っており、あたかも俺の行政府から発行したみたいな体裁。これは卑怯。これば民兵側に渡って悪意に利用されれば、あたかもＵＮＴＡＥＴが正式にＵＮＴＡＳの存在を認知したみたいにとれる。これは外交問題である。こんなプロフェッショナリズムも理解できないほどアホなのか。早速、正式文書をウォールトン中佐に宛てる。県知事である俺が、ただ一人、国連の代表する権利があること。反応が楽しみ。軍人が文民統治を骨身に染みるように、うまく利用しなければならない。

4　県立病院職員スト決行！

二〇〇〇年四月九日［日］

参った……。県内に一つしかない県立病院。フランスのNGO、MDM（Medecins du Monde）によって復興、運営されているが、何と約三〇名の地元医療スタッフ全員が昨日からストライキ。全く機能しなくなった。チモール抵抗民族評議会（CNRT）コバリマ支部の幹部によって報告される。原因は、フランス人医師と看護婦四人による言動。チモール人の威厳を損ねる言動をしたらしい。

UNTAETも外人、このNGOも外人。外人と外人が共謀している印象を与えたらUNTAETの評判もそこまでだ。UNTAETは、東チモール人の側に立つ行政機構だ。NGOを監視する立場になくてはならない。だから、何よりもまずスト中の地元スタッフと面談したいとこのCNRT幹部に打診。俺は明日月曜日の早朝に公用でデイリに発たなければならないから、今日中にある程度の決着をつける必要性を強調。

このCNRT幹部、家族に虐殺の犠牲者が出た、かなり思いつめた感のある、しかし、着実に政治的基盤を築きつつある若手のホープ。どうも、この件を餌に俺とUNTAETを試していると思える。こやつ、なかなか策略家だ。

夜七時、スト中の地元スタッフ代表一二名と病院の敷地内で会う。ほとんど、MDMと対決する用意万端。MDMとやりあわなけりゃ意味がないと主張する。鼻息が荒い。そこで、何とかボパティ（県知事）である俺の顔を立てて、まず俺と話ししろと説得し、開始。二時間議論。どういう理由であれ、援助組織としてあるまじき状態を招いた責任は全てMDMにあると俺の考えを主張。ボパティは、NGOに活動停止させる権限あり。そうしたいの？と迫る。県知事として、なんとか面目を保ったと思える。彼らの側から、明日、MDMとの対決の仲裁をやってくれと頼まれる。快諾。やれやれ。

二〇〇〇年四月一〇日［月］

朝九時から我が行政府事務所で昨日約束した調停会議。キッチンを使う（事務所を移転したら絶対に大会議室を造らなければ）。スト中の地元スタッフ総勢二四人。CNRTから幹部二人。MDMの統括代表もデイリから朝の国連機便で駆けつける（なかなか貫禄あるイタリア人紳士）。MDM側からは、問題の焦点になっている医師、看護婦四人（全員フランス人）。通訳を、国連軍事監視団のアジャヤ大尉（マレーシア軍将校。インドネシア語に堪能）に依頼。

仲裁役として俺がまず口頭演説。昨日の内容のサマリー。暫定政府としてのスタンス。国際NGOのあり方。現地政府（ここではUNTAET）と国際NGOの関係のあり方など。次に、例のCNRT若手ホープ。二四年間のインドネシア統治下の屈辱の歴史と、どうしてインドネシアから解放されたのに今度はNGOによって侮辱されなければならないのかと、滔々と訴える（中々迫力あり）。次に、地元スタッフ代表。MDMは組織として良い仕事をしている。ただ、外人の言動にこれ以上絶えられない。外人だけでやってくれ、など。昨日より、少しトーンが下がっている。昨日、会議を開いておいて良かった……。

次、ディリからわざわざ駆けつけたMDM統括代表の発言。これがまずい。現地スタッフ決起後、小規模の騒動、多少の備品を壊す程度、があったと俺も報告を受けていたが、なんと彼、野蛮行為と定義。地元スタッフの顔こわばる。（どうして素直に謝れないのか……）。さらに、この調停会議をさっさと切り上げてMDMのグローバルな活動ビジョンについて話し合おう、などとトンチンカンなことを言う。地元スタッフは色めきたつ。ここで俺、さえぎる。県知事として、うわさとして聞いている破壊行為については、この事実を認知しない。（かなり、無理な発言だが、功を奏した）。そして、今日この場で俺の立会いで決着を付けない限り、MDMと地元スタッフだけの別の話し合いは認めない、ときっぱり言う。

この後、やっとこのフランス人紳士から謝罪の言葉を引き出す。続いて、やっと問題の四人のうち一番槍玉にあがっていたフランス人看護婦が発言。回りくどい言い訳の後、謝罪らしき言葉を発する。すかさず、俺、確認の合いの手。

MDMの代表と、問題を起こした個人の謝罪があったのだから、この他にどんな処置が必要なのか、と地元スタッフに矢を向ける。すると、CNRTの幹部を中心に、テトゥング語で五分ほどざわやっている。やっと、一人の現地スタッフ代表が発言。問題の四人を転任させろ。それを条件に、即日業務開始に同意すると言う。

ＭＤＭ代表に答えさせる前に、地元スタッフ側に確認する。俺は知事の権限で、このＵＮＴＡＥＴ行政府内に、将来、労災事務所を設け、地元公務員の苦情にいち早く対応する制度を作ること、そして、これも知事の権限でＭＤＭに週に一回、地元スタッフとの意見交流会議を開き、今後三ヶ月間、その議事録を俺に提出することを命じる。この二つの条件をもって、二〇数年間忍耐の時代を過ごしてきたのは十分承知しているが、ここで一つ、この問題の四人に、もう一度改善するチャンスを与えてやってくれないか、と頼む。

地元スタッフ、また、テトゥング語で頭を突っつき合わせる。

知事を信用して同意する、という言葉を引き出す。(やった。もう一息)。でも、最後に二つだけ、ＭＤＭに守らせたいことがある、と言う。まず、現地スタッフの技術的なミスを指摘する時は、大勢の患者の目の前でやらないでくれ(当たり前だ)。それと、女性外人スタッフは、ショートパンツなど余り無礼な恰好で患者に接しないでくれ(地元社会をここまで馬鹿にしていたのか……ガクッとくる)。

そんなこと、ＭＤＭに確認しなくても、有無を言わせず知事の権限で命令する、と俺。ＭＤＭも文句なしの意思表示。これで一件落着。即時に就業開始ということで、ＭＤＭと地元スタッフの握手交換。やれやれ。

この後、真っ先に、ＭＤＭ統括代表から握手を求められる。ずっと会議を傍聴していた我がスタッフからも祝福される。ボパティの貫禄を見せつけた。良かった。この成功で調子に乗らず、堅実に行こう。

調停会議後、車に飛び乗り、県知事会議のためにディリへ向かう。

二〇〇〇年四月一一日［火］

県知事会議於ディリ。県知事たちの意見がないがしろにされてきた鬱憤は分かるが、特に白人県知事達のアグレッシブさは、エゴ中心としか思えなくなってきた。チモール人を国連が牛耳るこの暫定政府内の主要なポストに〝副（Deputy）〟として雇用する政策について（〝チモール化〟政策の主要な柱）。そのまた柱中の柱である、チモール人県知事任命のアイディアにも楯突く。

もちろん、こういうセンシティブな決定を我々に相談する前にメディアに発表してしまうＳＲＳＧ（Special Representative of Secretary General）デメロ氏も問題だが、その選考に俺たちを噛ませろだの、ＣＮＲＴの幹部が知事になってしまったら行政の中立性が損なわれるだの、それがもとで新たな政治闘争が起こるだの、いらぬ心配ばかりする。これは、いやな傾向だ。政治的闘争なら今のうちに混乱を招くほうが、ＵＮＴＡＥＴからチモール人による独立政権になってそれが起こるより、よっぽど良いではないか。なにより、自分の後継者の選考に自分の意見を入れろとは、行き過ぎだ。自分の個人経営の会社のそれならともかく、後任者選びには、絶対に前任者の偏見を入れない方法を考えるのが筋というものであろう。これは、「典型的な西洋的慈善心の偽善（Arrogance of Western Charity）だ。つまり、慈善心を装って出来るだけ長く寄り添おうとする。この辺が、ＵＮＴＡＥＴがＮＧＯ化している問題の典型だ。いやだっ！」という発言をしたら、シーンとなった。俺と他の知事たちとの間に亀裂が走ったかな。

二〇〇〇年四月一三日［木］

ＵＮＴＡＥＴディリ本部、インフラ局道路部へ文句を言いに行く。昨日、我がコミュニティ行政官の一人、ネパール人のプラディープから電話。ディリ本部が我が県行政府に何の連絡もなく雇った、県内道路整備の建設業者（オーストラリア国籍）が、地元労働者への賃金を巡って問題を起こしていること。これは、四千万円ぐらいの事業契約という話しだが、どうもグレーな部分が多すぎる。まず、競争入札があったか否か、何の報告もない。我が県では、地元ＮＧＯの一つであるチモール・エイド（Timor Aid）をはじめ、国連軍パキスタン工作大隊との連携により、この事業契約と同じ内容のプロジェクトがＮＧＯによって行われており、値段も約半分。どうして、業者に委託する必要があるのか。ＮＧＯは、ＵＮＴＡＥＴが定めた最低賃金、日当二万インドネシア・ルピア（約三ドル）を厳守しているが、この業者は一万五千しか払ってこなかったとのこと。やばいのは、ここのＮＧＯの間では、もう既に黒いうわさが立っていることだ。驚いたことに、道路部門は、この問題に気付いていたものの、全くアクションをとらなかった。頭にきたので、ディリ本部で取りしきる外国の業者の契約事業に関する情報公開を、県知事会議を通して圧力をかける、と宣言する。本当にこいつら、プロ意識があるのかしらん。

ディリからスアイへ帰還。雨、雨、雨。帰ってきたら、宿舎のビニールシート屋根が持ち堪えられず水浸し。皆のテント、マットレスも水浸し。スタッフのマットレスは、本当に水に浮いたらしい。俺のテントは、スタッフが気を利かせてくれたのか、全く濡れず、安全な場所に移してあった。ありがとう。

帰ってくる道中、橋の土台が崩れて道路が半分陥没してなくなっていた。ここの雨はものすごい。俺の車の後を一時間後に通ったスタッフの話では、もう四分の一ぐらいになっていたとの話し。明日からは、このルートはしばらく使えなくなるだろう。もう一つのルートは国境近くを通るもの。併合派民兵の攻撃があるから要注意。

二〇〇〇年四月一四日〔金〕

昨日の道路整備を巡る業者の件。一〇人ほどの若者が、賃金に関するいちゃもんをつけて、業者のキャンプ地に押しかけ、投石をしたらしい。この通報を受けて我が国連文民警察が急行、事情聴取。どうも、CNRTが裏にいるらしい。病院のストライキといい、この事件といい、県民のフラストレーションを後ろから煽っているとみえる。

午前中、国連軍ニュージーランド大隊隊長、国連軍事監視団隊長、国連文民警察署長との定期会議。文民統治（Military Under Civilian Control）は、国連軍ディリ本部が非常に熱心に推し進めているポリシーだと、再度、確認する。その一環として、県知事を議長に置く県治安委員会（District Security Council）の創設の同意を確認をする。ここの国連軍は、俺の赴任前には、県行政府を馬鹿にしてきたのか、隊長ではなく情報将校を定期会議に代理出席させることがあった。これからは絶対認めないこと。従わなかったら、国連軍本部に正式抗議すると、ほのめかす。かなり利いた。

午後は、二時から六時までCNRT幹部との会議。やっと打ち解けてきた感じ。笑顔が見えた。それというのも、彼等を主体に県政評議会（District Advisory Council）を正式に立ち上げる計画を披露したこと。つまり、これからは彼らが県政におけるパートナーになることを強調。とにかく、CNRTはデリケートに扱わなくてはならない。

午後三時ごろ、県内国境付近で、パトロール中の国連軍ニュージーランド隊が六人ぐらいの併合派民兵と遭遇。民兵は、国連軍に発砲後逃走。自動小銃によるものだったらしい。

二〇〇〇年四月一五日〔土〕

国連軍ニュージーランド大隊主催の夕食会に招かれる。歩兵部隊は、六ヶ月おきに大隊の入れ替えがあり、新しい隊長の紹介のため。制服一色。私服は俺だけ。ちょっと気後れする。夕食会は、来賓の紹介から。県知事としての俺がまず最初に紹介される。（このへん、国連軍もちょっと気を遣い始めたか……）。新しい隊長は、宣教師の家庭に育ったウガンダ生まれ白人、庶民っぽい男だ。

スタッフの問題。俺の側近中の側近、国連所有の車両、装備、備品を一手に管理する総務担当官（Field Administrative Officer）。彼は、身長二メートルはある初老のケニア人。国連勤務二〇年余。俺のことをサー（Sir）、サーと、年寄りの召使が若い主人に仕えるように振舞ってくれる無口なジーサンだ。彼が、何と俺よりも若い国連ボランティア三人と大喧嘩。ネパール人と、南アフリカ人（この二人は恋人関係）、それとウガンダ人嬢。非常に活発な三人だ。ネパール人が公用携帯電話の使用を巡ってジーサンと口論。国連プロパーはボランティアを差別している、と毒づいたらしい。これにジーサンは激怒。ネパール人だけでなく、この若造三人の軽薄さ、彼らに貸し出された国連所有の備品の管理の稚拙さ（ウガンダ人嬢は、ラップトップを雨に濡らして故障させ、俺に知らせるのが怖くてジーサンに口止めを頼んだらしい）を、俺への正式リポートとして暴露。それはないだろうと、この三人。こんなことまで調停しなければならない知事稼業。三人にキツーイ叱りを。ジーサンへは、この後この手の報告は早期に口頭で行うよう、それと例のリポートは不問に付す、で一件落着。この騒動で、約五時間のロス。やれやれ。

5 インドネシア国境河川は誰のものか

二〇〇〇年四月一八日［火］

インドネシア軍との戦略円卓会議（ＴＣＷＧ：Tactical Coordination Working Group）於バトゥガデ（Batugade）。東チモール内北側の国境の町だ。朝七時にスアイから国連軍用ヘリで飛ぶ。顔ぶれは、前回とほぼ同じ。インドネシア側は、西チモール国境統括司令官、四三二部隊隊長など。議長は、国連軍西部統括司令官ルイス准将。ＵＮＴＡＥＴ関税局からも代表者。

まずは、国連軍用ヘリの領域侵犯から議題。これは、ＵＮＴＡＥＴが悪い。あまりにも多すぎる。インドネシア軍からキツーイ苦情。次に、国連文民警察とインドネシア警察（ＰＯＬＲＩ）との提携の強調、確認。まずは、西チモール側で起こった一八頭の水牛の盗難事件から。犯人は東チモール側へ逃げたらしい。刑事報告書が正式に引き渡される。警察間協力と言っても、こんな軽度の盗難事件から扱わなければなら

●円卓会議帰りのヘリから、国境河川を望む。向こう側が西チモール

ない。

目新しい議題は、国境河川の水利権の問題。昨年度中、インドネシアは、国境付近での大規模な灌漑計画を立ち上げたらしい。今日インドネシア軍は、この計画を続行するため最終調査を行いたい旨を打診。しかし国連側は、俺も発言に加わり、第二のヨルダン川になる恐れを強調（水は国家間紛争の原因になり得ること）。インドネシア政府とUNTAETの間で水利権の交渉を経てからではないと危険過ぎる、ということを確認。ルイス准将と、この河川がある隣県ボボナロの県知事と俺、がUNTAETディリ本部に外交上措置を提案するためアクションを起こすことを同意。

午後一時に、ヘリでスアイ帰還。午後、すごい雨。いつまで雨季が続くのやら。

二〇〇〇年四月一九日［水］

UNTAET副代表（国連事務総長副特別代表＝DSRSG : Deputy Special Representative of Secretary General）の高橋昭さんが来る。朝九時から午後三時までのプログラムを組む。

まずは、国連軍事監視団によるブリーフィング。その後、国連軍軍用ヘリで国境の村ファトゥミアン（Fatumean）へ。三〇〇人以上の人が出迎えてくれる。これは、コミュニティ行政官のアフザルのおかげ。彼はパキスタン人の元高級官僚。国連ボランティアだ。さすがチモール抵抗民族評議会（CNRT）や地元リーダーたちの心を掴むのが早く、この村は、一番僻地の村でなかなか目が届かなかったのだが、もうこの動員力。もう五〇半ばなのに、たいしたもんだ。

俺にとってもここのタウン・ホール・ミーティングは第一回目。初顔見世だ。高橋さんは、話しべただ

●ファトミアンにて。歓迎のダンス。

が、その誠実な人柄が好評だった。

二〇〇〇年四月二〇日［木］

朝から、ヨーロッパ共同体（ＥＵ）の使節団二〇人（中には大使の肩書きの人物も）ほどの来訪を受ける。どうも、最初から何かを立証しようとする腹だったらしい。ＥＵから支援を受けているフランスのＮＧＯ、Medicine du Monde（県立病院スタッフのストの事件を起したあのＮＧＯ）の依頼で、俺のオフィスで会議を設けたのだが、ＣＮＲＴの出席のことは俺に何の了解もなし。（別に、ＣＮＲＴが出席して悪いということはないが……）。どうも、こやつらの態度から、ＵＮＴＡＥＴがＣＮＲＴをないがしろにしているというシナリオを書きたかったらしい。

しかし、同席したＣＮＲＴの幹部は、（このＥＵ連中の期待に反して）ＵＮＴＡＥＴとの提携はうまく行っていることを強調。ざまーみろ。しかし、傲慢な連中だった。

二〇〇〇年四月二一日［金］

午後すごい雨。ついにスアイ市街と国境サレレ（Salele）を結ぶ道路の橋の一つが決壊。通行不能。国連車両は、決壊場所で車両の交換という手を使って何とか通行を維持。

二〇〇〇年四月二二日［土］

朝、事務所の鉄製の金庫を開けたら、シロアリがいっぱい。水抜き穴から進入したらしい。あやうく現金一万ドルと二〇〇人以上の学校教師の手当てが食べられてしまうところだった。油断も隙もない。こんなんで盗難届けを出したら冗談にもならない。

二〇〇〇年四月二三日［日］

ポルトガルの首相がスアイに来る。五〇人の使節団とCNRT議長シャナナ・グスマオ氏を引き連れて。馬鹿らしい。本当にこの国ポルトガルはアホだ。そもそも東チモールの悲劇の元凶だろう。この使節団、UNTAETディリ本部に何の断りもなし。いきなり特別機でスアイ着。UNTAETディリのふがいなさもさることながら、今さらこの国の救世主を気取ったってどうなるのだ。UNTAETが何もしていないというプロパガンダをもう始めているらしい。我がフイリッペ君（ポルトガル語ができるということでこの訪問に俺が張り付かせた）によると、同行のノーベル平和賞受賞者ラモス・ホルタは、スアイの町を一瞥しただけで、ここではＵＮＴＡＥＴは復興を何もしていない、と使節団にこいたらしい（一九九九年九月の民兵による虐殺破壊の後、ホルタ氏がスアイを訪問したという記録はない。じゃぁ、一体何と比べて、復興がないと仰るのか？）。ポルトガル人との混血であるという氏は、ポルトガルに忠誠心を見せることで自らのアイデンティティを保持しているのか。その忠誠心の誇示のためにＵＮＴＡＥＴを批判。だんだんこの手の輩の精神構造が見えてきた。

しかし、こんなハイレベルのＣＮＲＴ幹部でも、ＵＮＴＡＥＴが援助団体だと勘違いしている節がある。ＵＮＴＡＥＴは暫定政府であり、現地政府である。現地政府がポピュラーな国なんてどこにあるのか。国を動かすには、アンポピュラー（不人気）になる術、近視眼的な民意に反しても巨視的な政策を推し進めなければならない場面をこなすことが必要になることを、この太鼓持ちたちは気付いているのだろうか。

午後は、東チモール民族解放戦線（Falintil《ファリンティル》）の幹部と昼食。もと反インドネシア・ゲリラの筋金入りの御仁達。グスマオ、ホルタ達の訪問に合わせてスアイ入りしたとか。俺は、チモール化にシリアスであることを強調。県政評議会（District Advisory Council）の設立をもって、ＣＮＲＴと政策決定を共有することを強調（今までのＣＮＲＴのように、外野席からＵＮＴＡＥＴを批判するだけなら簡単。国を動かす当事者の〝責任〟を思い知らせてやる……）。何とか良い印象を与えた。

二〇〇〇年四月二四日［月］

他の県に比べて非常に遅れていた公務員雇用計画が、なんとか完成しそう。人事担当民政官インドラのけつをひっぱたいた甲斐があった。

国連軍、国連文民警察、国連軍事監視団を除くと、民政官だけで三〇人、車両八台になった。もうそろそろ組織の広告塔である車両の厳格な管理体制を導入する時期なので、本日スタッフミーティングで決行を宣言。破壊後のスアイに降り立った数人のスタッフで始まった火事場的フェーズから、これからは復興に向かう組織形成のフェーズへ移行する心の準備を強調。全ての車両の使用登録制を導入。俺の許可なき私用は厳禁。

6　初めての半旗

二〇〇〇年四月二五日〔火〕

国連軍ニュージーランド大隊の兵士が一人、自動車事故で死亡。この県北部の山間道路の崖から兵士輸送用トラックが転落。他三人が重軽傷。とにかく道路の崩壊が激しい。軍事上の輸送道路の保全は、パキスタン工兵大隊の仕事であるが、なにせこの大雨。それに加えて、ほとんどの舗装道路はインドネシア時代に造られたものだが、装甲車や軍用トラックなど重量の重い車両の通行に耐える強度がない。戦略上必要な車両が、道路を老朽化させ、それが惨事を生むという皮肉。

夜、国連軍事監視団の副隊長（マレーシア人）の歓送会。終わりに、今日死亡した兵士のために黙祷。事務所に帰ってから、中庭に掲揚してある国連旗を半旗（Half Mast）。

二〇〇〇年四月二七日［木］

県知事会議於ディリ。

アイレオ県（Aileu District）の県知事、ジョンが辞職。前々回の県知事会議以来、チモール人県知事の選考方法を巡って、UNTAET代表デメロ氏の方針に対して猛反発していた。県知事のポストは非常に政治的影響力があるから、政治的中立性という行政の概念がまだ定着していない現在、チモール化を考えるのは早過ぎると言うのがジョンの意見。デメロ氏にしてみれば、「UNTAET出て行け」の国内・国際世論の中で、県知事のポストはチモール化を印象付ける上で最も便利。しかし、争点は、こんなに大切なことを我々のコンセンサスを得る前にメディアに流してしまうデメロ氏のやり方。ジョンはその時から、メディアや国内の圧力に迎合するやり方に反発、辞職をほのめかしていた。（俺は、県知事の中で唯一、「デメロ氏の迎合主義には賛成しないが、ポストをめぐる政治的闘争が、独立前のできるだけ早期に起るのは大いに結構」、という意見）。

夕方、スアイ帰省。

二〇〇〇年四月二九日［土］

朝は、国連軍フィジー隊が骨を折ってくれたコバリマ県サッカートーナメントの始球式。キックオフのボールを蹴る。大した賑わいだ。フィジー隊が選手の輸送（村から）と飲料水その他のロジスティックを全て引き受けてくれた。

東チモール独立のロビースト、トム・ハーランド（アイルランド人）の訪問を受ける。かなり有名な御仁らしい。二時間ほど話しを弾ませる。彼が言うには、昨年の独立住民投票の時、一般のチモール人は、インドネシアの国旗か、チモール抵抗民族評議会（CNRT）の旗の二者選択という形で投票した。だから、CNRTは東チモール人の代表と見なされるべき。しかし、俺の観察では、UNTAET内部では、「民主主義」と「多元主義（Pluralism）」の保持のために、いかに非CNRTエレメントを独立プロセスに引き入れるかが焦点になっている。国連がこの国の独立を牛耳る以上、否応なしにCNRTをないがしろにするだろう。しかし、最近になってCNRT議長グスマオ氏がほのめかし始めた、八月のCNRTの解散は、一般の人々の求心力を失わせる働きしかしないだろう、とハーランド氏。納得。

二〇〇〇年四月三〇日［日］

東チモール訪問中の河野洋平外務大臣とのレセプションのため、朝、車でディリへ。高橋副代表の紹介で握手。夜は、これまた訪問中の在インドネシア日本大使と中華料理で会食。

夕方、サッカー試合中の町のスタジアムで乱闘騒ぎ。これが拡大して現地人二名の死者。夜はちょっとした戒厳令の感じ。UNTAETの職員がターゲットになっているらしい。刃物を持った愚連隊が町を徘徊。こんな状況が地方に飛び火しないと良いが。

二〇〇〇年五月一日［月］

ディリから、早朝国連機でスアイ着。すぐにスタッフミーティング。その後、午後二時より初の県政評議会（District Advisory Council）。少し緊張。これは、チモール人の県政への参加、主導を目指すもの。UNTAET条例では、県知事の諮問機関として定義されたものだが、我が県では〝県議会〟として権限を持た

●県政評議会の様子。軍関係者を末席に。文民統治を体現するため。

せることを宣言。メンバーは規定では、CNRTから代表三人、UNTAETから三人（内一人は県知事：議長）、女性グループ代表一人、青年団体代表一人、カソリック教会代表一人、そして政治的に中立なコミュニティ・リーダー二〜三人で構成される。我が県では、CNRTに表だって対抗する勢力もないので、その県本部から代表三名、そして我がUNTAETから俺を含めた三人の国連スタッフ、そして教会（スアイ教会神父）の代表七人でまずコア・グループを作り、他のグループ内の指名を監視・承認することに。女性グループと青年団体は、CNRTの下部組織でないものは存在しないので、指名は容易。問題は、コミュニティ・リーダーだ。もちろんCNRTを牽制するために非CNRT人材を入れる、とい

●モタイン（Mota ain）の東チモール側の町、バトゥガデ（Batugade）にある国連軍オーストラリア部隊の基地にて。新型装甲車。数キロ先の人間の動きまで察知できるレーダーを装備。水陸両用。

うのがＵＮＴＡＥＴの規定の裏の意図であるが、余りに見え透いているので俺は嫌いだ。だから、今日の県政評議会では、このコミュニティ・リーダー枠は無視、空席のままにしておく事に決定。ほんの九ヶ月前の住民投票で国民の八割の支持を受けたＣＮＲＴ。指導者たちの質はどうあれ、これ以上何を望めるというのか。

二〇〇〇年五月二日［火］

朝七時に、インドネシア軍との戦略円卓会議。西チモールのモタイン（Mota ain）という国境沿いの町のインドネシア軍基地で開催。

インドネシア警察から報告。東チモールから進入した「スパイ」

を西チモールで逮捕、監禁しているとのこと。自白によれば、スアイ在住のCNRTリーダーから資金を得て、西チモールの併合派民兵の情報収集と幹部の暗殺のために侵入したとのこと。そのリーダーとは、CNRTコバリマ代表で、俺が議長を勤める県政評議会の主要メンバーだ。日頃から付き合っている御仁。何か臭い。インドネシア軍のでっち上げか。でも、この名前の一致は……。相当うまく仕組まれていると考えなければならない。

インドネシア軍が西チモールで民兵たちを訓練しているという噂について、自ら釈明。真っ向から否定。インドネシア統治時代に、チモール人を雑用をこなす要員として雇う制度があった。今では彼らが西チモールで難民となり、インドネシアの公務員として給料が支払われている。彼らのインドネシア軍への出入りが目撃され、民兵を囲っていると勘違いされている、というのが主張。もっともらしい。とにかく、これを騒ぎ立てているのは西側のメディアとか、聖職者たち。インドネシア悪者という構図がやたら好きな連中だから、ここはインドネシア軍を信じざるを得ないだろう。

二〇〇〇年五月三日［水］

県内の中学校教師の全体集会。演説をぶつ。

またもや、UNTAETディリ本部の、現場の現実を省みない馬鹿な政策。この時期に、小中学校の教師を篩い分ける国家レベルの統一テストの実施。こんな何もない状況で、教育が行われているだけでも奇跡なのに。それに加えて、ポルトガル時代、インドネシア時代の教師が入り乱れているのが現在の状況。案の定、ディリの指示通りにことを運ぶと、テストを受けることも出来ない教師が数多く出ることが判明。

●スアイ教会にて教師達と集会。向こうに見える教会が、虐殺のあったところ。1999 年 9 月 6 日に、併合派民兵とインドネシア軍によって 100 人以上が殺されたと言われている。まさか教会まで手を付けないだろうと、住民の最後の逃げ場だった。

教師達と一緒に、大いに怒る。抗議のため、全体行動をとるよう奨励する。(何という知事だ……)。

インド人電気技師が、破壊された校舎の木材の切れ端を使って、自分のベッドを出入りの大工に作らせたということが、我が国連武官(Security Officer)から報告。大いに怒る。叱る。ベッドごと返還を命令。それと、我が現地人スタッフ全員の前で謝罪を命令。

国連軍パキスタン部隊兵士による、地元女性に対するいたずら行為が二件通報される。やれやれ。

7 国連軍兵士のセクハラ事件

二〇〇〇年五月四日［木］

国連軍パキスタン部隊兵士によるセクハラの通報が続いて二件。もう既に町中に広まっている。女子供はパキスタン部隊の駐屯地の近くは歩くな、という御触れも伝わっているらしい。我が国連武官（Security Officer）と作戦会議。ニュージーランド大隊には軍警察（Military Police）がいるが、パキスタン部隊にはいない。その軍警察は、国籍の違うパキスタン部隊を取り締まる法的権限はない。国連軍兵士を始め国連職員には外交特権（Diplomatic Immunity）がある。国連文民警察はというと、地元社会の犯罪に対する法的効力はあるが、国連職員に対してはない。国連職員を取り締まるにおいて、一番効力がありそうなのは、国連武官。仮に罰せたとしても、国外退去命令がせいぜい。困ったものだ。何せここは国境を接する県だから、西チモールへの風評流出が問題。つまり東チモールは国連軍兵士によるレイプ天国だという、インドネシアのメディアの恰好の餌になる。

二〇〇〇年五月五日〔金〕

パキスタン部隊兵士のセクハラ事件の対応で一日が暮れる。一応、我が国連文民警察による被害者の調査が完了。ここで文民警察の自分が操作を牛耳りたいというエゴが現れる。署長（カナダ人）と国連武官の間のシマ争いだ。これに割って入る。仕切るのは県知事である俺、ということを両者に納得させる。午後、国連軍西部統括司令官、ルイス准将とこの件について会議。ここでも、ニュージーランド大隊隊長が面白くないらしく茶々を入れてくる。ルイス准将はさすが。外交特権のことにも造詣が深く、国連軍ディリ本部を通してパキスタンへ圧力をかけ、国籍の違う軍警察でも介入できる手立てを探る約束をしてくれる。

夜、容疑者を抱えるパキスタン工兵大隊隊長から面談のリクエストを受ける。ルイス准将に急かされたらしい。国連武官と共に会う。この隊長、最初から、事件は現地人によるでっち上げだという主張に終始。それに反発する我が武官と険悪なムードになる。事件の解明はもちろん大事だが、UNTAET全体の社会的信用を著しく損ねるPRクライシスとして認識しよう、という切り口で何とか感情的な対立を回避。緊密な連絡を取りながら、操作を進める、という合意で握手。やれやれ。

二〇〇〇年五月六日〔土〕

今日も朝から例のセクハラ関連の会議で終始。ルイス准将は、昨日約束した通り、隣県ボボナロからブラジル隊の軍警察をヘリで呼び寄せる。速い。こういうところ、さすがミリタリー。国連文民警察のディリ本部の対応も早い。それに比べて、我が暫定政府ディリ本部は、数日前から外交特権のことなど法的アドバイスを要請しているのに、何の反応もなし。情けない。

二〇〇〇年五月七日〔日〕

少しのんびりした。夜、地元の結婚式に招かれる。三〇〇人位の招待客。食事も出す。よく準備したもんだ。二万インドネシア・ルピアを祝い金として包む。

法律担当民政官シポー君（ジンバブエ人）の人事評価をする。良く出来た奴だから、及第点で契約延長を承認。

二〇〇〇年五月一〇日〔水〕

月曜日からディリ滞在。昨日は、県知事全員を集めて地方政府についてのワークショップ。フラストレーション。ＵＮＴＡＥＴの撤退後、東チモール政権になるとき、現在我々が作りつつある行政モデルが踏襲される保証は全くない様子。その辺のＣＮＲＴとの駆け引きはまだ出来ていないとのこと。ならばなぜ、今こんなに苦労して理想的モデルを議論しているんだろう。水道など本当に基本的な公共事業の復興だけに専念して、さっさと引き上げることを考えた方がよっぽど得策。

今日は朝から、国連ニューヨーク本部広報部が主催する日本人ジャーナリストのツアーの一行を連れて、ディリからスアイに国連機でとんぼ返り。スアイでテレビ用ビデオ収録。正午にディリに引き返す。

午後は、例によって県知事たちの懇談会。

二〇〇〇年五月十二日［金］

ディリ。午後、ＵＮＴＡＥＴ、西チモールのクパン（Kupang）出張所の担当者主催の第一回国境問題会議。この出張所は、西チモールの難民問題の交渉のため、ＵＮＴＡＥＴディリ本部政務局が開設したものだが、インドネシア軍との戦略円卓会議（ＴＣＷＧ）における限り、全く何の存在感もなく、この担当者はＴＣＷＧに出席したこともない。同じＵＮＴＡＥＴながら、見事なほどに縦割り行政の醜態を呈している。今日の会議も、突然この担当者によって招集され、俺を含めたＴＣＷＧの面々、そして国連軍副最高司令官スミス少将（オーストラリア）も出席したが、どうも噛み合わない。しらーとしたモノローグが続く中、我慢ができず発言。インドネシアにおいては、警察も地方行政府もインドネシア軍の支配下に置かれているようなもんである。そのインドネシア軍と、我々ＴＣＷＧの面々は現場レベルで日々の国境問題を扱っている。このＴＣＷＧの着実な成果を、政務局はインドネシアとのハイレベルの外交で生かしているか、と。なんと、この担当者は、ＴＣＷＧの意味を聞き直すぐらいのレベルの理解。あきれた。スミス少将も顔を真っ赤にして、今日の会議に望む政務局の不勉強を攻撃。収集がつかずに会議終了。なんだ、こりゃ。これが国連の外交能力か。東チモールの将来は、全てインドネシアとの関係にかかっていると言っても過言ではないのに。所詮自分たちの国じゃないから、真剣さにも自ずと限界が。先が思いやられる。

8　わが砦、洪水に流される

二〇〇〇年五月一三日［土］

朝の国連機でスアイへ帰る。またすごい雨。途切れなく降っている。街中の道路は川のようになっている。ズマライ郡（Zumalai Sub-District）では、ホームレスになる人達も出る。この郡担当のコミュニティ行政官プラディープを状況把握に送る。即座に対応する救援物資のストックも、我が県行政府にはない。状況を把握しても、何ができる。もどかしい。

二〇〇〇年五月一四日［日］

少し晴れ間がでる。いそいでマットレスを干す。しかし午後からまた大雨。

二〇〇〇年五月一五日〔月〕

ジンバブエ人法律専門民政官シポー君、ディリへの転勤が決まる。ディリ法務局の弁護人（Defense Lawyer）に抜擢。併合派民兵などの犯罪人を弁護する任務。数が圧倒的に足りない。どんな犯罪人でも、人権はある。民兵憎しの正義感をコントロールしての人権保護。まずはめでたい。

しかし、この人事異動、手筈の悪いこと。ただでさえ、我が県のようなハードシップ勤務地は人手薄になりがち。本来なら、異動の前に交替要員の確保が先。異動の許可は、俺に権限あり。却下することもできた。しかし、こんなところ（スアイ）で今まで頑張ったシポーの将来を思うと、後任が遅れても、まぁいいかという気持ちに。しかし、俺の寛大さに感謝しないディリが癪に障る。地方はどうでも良いという中央の発想。中央集権の病理。

二〇〇〇年五月二一日〔日〕

ちょっとした事件があり、日記にちょっと間が空いた。

事件とは、シポー君の栄転めでたしやということで、さっそくお祝い会を開いたのが一六日の夜。皆でカンパし、アフリカ人スタッフが腕を振るって料理、酒の大宴会。しかし、みんな酒が完全に回った夜一一時頃になっても、午後からずっと降り続いている雨に注意を払うものはいなかった。中庭が浸水している、という現地スタッフ（ガードマン）の声で、外に出てみると、なるほど、もう地面が見えなくなっている。それでも酔った勢いで、大きなプラスチック製のごみ箱がプカプカ流されていくのを、キャハハと笑う余裕。ふと敷地の中で一番低地にあるテント宿泊棟に目をやると、もう壁の半分の高さぐらいまで水が来ている。確か、宴会を早く切り上げた二人のパキスタン人スタッフが就寝していたはず。酔いがいっぺんで吹っ飛び、宿泊棟に近づくと、かのパキスタン人の一人が、スーツケースを頭の上に乗せ、溺れそうになりながら、脱出しようとしているのが見える。もう一人は既に一回目の荷物の移動を終わり、また宿泊棟に戻ろうとしていたところ（なぜ、今まで知らせなかったんだ……）。この二人に、荷物は忘れろ、という。それでもやめないので、命令だ、と怒鳴る。とにかく、水の流れの早いこと。スタッフ全員に、コンピューターや無線機などの精密機器を一番高い棟の一室に移すことを指示。国連文民警察は、小銃と弾薬を金庫から移動。同時に、国連軍に車高の高い兵士輸送用トラックの派遣を無線連絡。水が引き始めたので、トラックの到着を一室で皆と待つ。スタッフは放心状態。家財道具を失ったショックからか、女性スタッフは泣き始める。国連軍トラックが到着。洪水を免れた国連難民高等弁務官（ＵＮＨＣＲ）や他の国際ＮＧＯの宿舎に、スタッフ全員を分散して避難させるよう手配する。俺と国連文民警察署長の二人は、引き続き警戒のためここで夜を明かすことにする。まったく。我が国連スタッフが難民になってしまった。

この洪水は、この敷地から一〇〇メートルくらいのところを流れる川が氾濫したもの。近くの住人に言わせると、こんなことは一〇数年来なかったとのこと。翌朝、宿泊棟の床は一〇数センチ以上の泥が堆積。スタッフのテント、スーツケース、カメラなどの貴重品、パスポートなどの書類は全て泥の中、もしくは流されて紛失。唯一、日本製の俺のテントだけは防水が優れているのか船のように浮いて、中に置いていた衣類、マットレスは全く濡れず。俺のスーツケースも同じように浮いていたらしく中身は全て無事。他のスタッフに申し訳ない。

この洪水の後のスタッフのモラルの低下が頭痛の種。避難先のＵＮＨＣＲなどでちょっとしたいやがらせが始まったらしい。やはり、他人の慈悲の下で生活するのは、たとえ快適でも、居心地は悪いに決まっている。俺はというと、洪水のあった夜からずっと一人で事務所でテント生活している。国連軍の隊長から再三再四、将校用の宿舎の提供の申し出があったが、行政の長たる者が他人の世話になるわけにはいかん。我々は、腐っても鯛のガバメントだ。

9 世銀よ、いい気になるなよ

二〇〇〇年五月二五日［木］

県知事会議でディリ滞在。農業省のヘッドのフランス人とやりあう。世銀に後押しされた、民営化を隅々まで行き渡らせる政策に噛みつく（UNTAET暫定政府の開発予算は、世銀が管理している）。「短期もしくは中期的農業開発政策」と題した計画書だ。今日このフランス人が世銀現地事務所代表と共に、得意顔で我々知事たちを前に発表。骨子はこうだ。まだ復興も始まったばかりのこの時期に、「農業における全ての活動、農耕、食料加工、流通は、商業活動と見なされるべきであり、その運営は、個人農家、投資家、銀行によってなされるべきである」、「東チモール独立政府は、天然資源の管理や製品の品質管理などもろもろの社会基準を独自につくるべきではない。既に存在する、例えばオーストラリアの農業製品基準をそのまま踏襲するべきである」等々。

俺が噛み付いた理由は、まず、商業化導入の時期が早すぎること。何せ全面的な破壊の直後である。緊急食糧援助を議論している段階である。今は、緊急援助のフェーズからの緩やかな移行を考えるべきで、それには零細農家の保護や協同組合化を基軸にするべきである。独立国家に向けてこの小さな国の人々が団結してゆかなければならないのに、それに逆行するような商業的利己主義を、今この段階に謳わなければならないのはなぜか。

さらに、土地の所有権という深刻な問題がある。ポルトガル統治時代の利権とインドネシア侵略時期のそれが入り乱れている状況である。帰還する見込みのないインドネシア人や重罪併合派民兵所有だった土地・建物、その〝元〟の所有者の問題をどうするか。土地台帳など全ての行政書類は焼失している。UNTAET暫定政府は、明確に国有地だと分かる物件に関しては、暫定的に県知事の管理下に置いている。私有地に関しては、恐くて手が出せない状態である。土地を巡る争議を治める司法機関も復興していない。何より、民兵の脅威が去った後も、大規模な国内紛争の種がこの土地問題にある、ということが我々現場の人間には十分わかっているのだ。だからこんな状況で、土地の個人所有だけが恩恵を受ける農業の商業化政策を推し進めたら、紛争の火に油を注ぐようなものである。農業の商業化は、（たぶんUNTAET暫定政府の統治期間では解決できないだろうが……）土地所有制度の確立と争議処理の司法制度の確立を条件に推進されなければならない。

それと外国の（それも先進国の）製品基準をそのまま踏襲するとは何事か。地元起業家がクリアできない高い水準を定めて、悪名高きアグリビジネスが全てを支配する下地を作りたいのか。なぜこの若い独立国家が、自分たちの手で自分たちの基準を作ることを支援するということをしないのか。それも、地元産業を保護することを前提に。

最後の方は、ほとんどこのアホなフランス人を怒鳴りつけていた。少し反省。世銀の代表者といえば、予定していたプレゼン（世銀としては手本にさせたいニュージーランドの農業政策）をすごすご引っ込める始末。この計画書の再考と、次のドラフトをさらに県知事会議で討議することを認めさせ閉会。

会議の後、同じ農業省のアフリカ人スタッフ、チモール人スタッフが寄ってきて祝福してくれる。地方の頑固さ（Stubbornness）。これがデモクラシーの真髄なり。

二〇〇〇年五月二七日［土］

国連軍西部司令官ルイス准将が休暇中の留守、その代理のオーストラリア人中佐が、何を血迷ったか、我が地方行政府を抗議する文書を送りつけてくる。我が行政府が人事管理し、この司令部で働く現地スタッフの給料支払いの遅延に関する些細なこと。電話一本で用は足りるのに、わざわざ文書にする。〝代理〟によくある行動パターン。つまり、上司の留守中に何かをやったと記録に残しておきたいケチな心理。

さっそく、懇意にしている国連軍事監視団の別のオーストラリア人将校にこの文書を見せ、やつを暗にたしなめるように要請。すぐに食事の招待が来る。今日の昼、昼食を一緒に。さすがに、非を悟ったらしく、威勢を保ちつつも、平謝り。なんにも気に留めていない余裕を俺は示す。これで一つ借りを作ってやった。ざまーみろ。

これを除けば静かな週末。それと言うのも、ほとんどのスタッフが息抜きのためにダーウィンへ。あの洪水の被害の後、モラルが低下していたから、物資の補給も兼ねて、俺が許可したから。

●コバリマ県配属、国連軍事監視団の面々。様々な国籍の、陸軍で言えば大尉(Captain)以上の軍人で構成される。我が県では20名。非武装で、インドネシア軍と高度な軍事調停作業を行う。何かと頼りになる。筆者の左隣が、新任の隊長ブラガネトー中佐（ブラジル陸軍）。

二〇〇〇年五月三一日［水］

国連軍最高司令官サントス中将（フィリピン）がスアイ入り。パキスタン部隊のセクハラの調査のため。国連文民警察署長と共に会見。事情を説明。セクハラ調査に簡単な結末はない。UNTAETが真摯にこの問題を扱っているというジェスチャーを地元社会に示すことが何より重要と説明する。満足の様子。

今度は俺の直属のスタッフのひとりにセクハラ疑惑。一四歳の少女と関係を持っているとの通報を我が国連文民警察が受ける。本人に質《ただ》したところ、少女は二一歳であるとのこと。やれやれ。

文民警察スアイ分署の建設予定地

●左から、パキスタン工作大隊隊長、国連文民警察署長、サントス中将、俺、ルイス准将、側近。パキスタン工作大隊基地にて。

（破壊された元政府の建物）を巡って一混乱。県教育委員会の長老が、これは二四年前に小学校だったものをインドネシアが撤収、役所に無理矢理転用したものだと凄み、スアイ分署への転用案を断固拒否表明。教育委員会に返せと嘆願してくる。二四年前はインドネシア、今度は国連が我々から取り上げるのか、とくる。ぐうの音も出ない。

二〇〇〇年六月三日［土］

夜は、国連軍ニュージーランド大隊の夕食会。東チモール民族解放戦線（Falintil）の将校三人と、チモール抵抗民族評議会（CNRT）の幹部、SSR（Servisu Siguransa Regional：CNRTの自警団）の隊長と一緒。Falintilは将来の東チモール人による国防軍の編成に向けて、国連軍がその訓練を

●右から、SSR の隊長、CNRT 幹部、俺をはさんで Falintil の 3 人、そして国連軍ニュージーランド大隊隊長。

受け持つ初の試み。なんて言ったって去年までゲリラだった連中だから、文民統治とは何かを教え込まなければならない、とのふれ込みだが、話してみると、よー話しのわかるおっさん達だ。それにカッコイイ。

二〇〇〇年六月五日［月］

第二回目の District Advisory Council（県政評議会）。二時間で終わった！　この調子。この調子。

10 制服組を手なずけるには

二〇〇〇年六月二九日［木］

三週間の日本での休暇の後、昨日東チモール帰還。ディリ滞在。留守中の県知事代理、デスモンド（アイルランド人／元アイルランド兵士。カンボジアで国連軍事監視団に勤務後退官。その後はNGOの現地責任者としてルワンダやコソボで腕を振るった剛者）と落ち合い、ブリーフィングを受ける。

俺の留守中に、ズマライ郡（Zumalai Sub-District）の小さな村ベコ（Beco）で、我が県初の政治的衝突が発生。CPD‐RDTL（大衆防衛委員会‐東チモール民主共和国）という非公認の政党が（まだ多数政党制を定義する条例ができていないので、〝公認〟の政党というのは存在しないのだが）、この小さな村に拠点を作ったことが問題の発端。それを誇示するために、チモール人にとって独立闘争史のシンボル的な存在であるFretilin（チモール独立革命戦線）の旗を掲揚したからたいへん。まわりのCNRTの連中が激怒。独立国家東チモールの国旗となるべきものを、一政党ごとき（それもＣＮＲＴ傘下ではない）が掲げるとは不届き千万と、血の気の多い奴等が急襲をかけ暴力沙汰に発展。幸い死者は出なかったが、ＣＰＤ－ＲＤＴＬ側の幹部の家が二件焼かれ、国連軍と文民警察が出動してなんとか暴動を収めたという次第。その後、ＣＰＤ－ＲＤＴＬはＣＮＲＴの攻撃に奮い立ち、自警団を組織。槍や刀で武装。山間部で秘密訓練を開始。しかし、その一部始終を監視していた我が国連軍情報部が、ＣＰＤ－ＲＤＴＬのディリ本部から親玉が来て総決起集会をベコ村で行う計画を探知。その当日、この親玉が先導したＣＰＤ－ＲＤＴＬの一団が近くの元公民館の建物を占拠したところに国連軍と文民警察が出動、完全包囲。そこにニュージーランド大隊隊長と我が県知事代理のデスモンドが乗り込み交渉。交渉といっても銃で包囲して力で解散させたようなもの。今度また武装蜂起したら国連軍が黙っちゃいないぞ、と隊長は吠えたらしい。

デスモンドに対しては、俺の留守中の労をねぎらうと共に、これはある意味で文民統治の敗北ではないのか、と言うとシュンとしている。国連平和維持活動は「抑止力」となるに徹するべきである。抑止力となるには、多勢に無勢、戦闘を避けるために圧倒的な武力で凌駕しなければならない。しかし、気をつけないと、何でもかんでも銃で押え込むという傾向を生む。国外からの脅威ならともかく、今回の政治闘争のような内政問題に対して軍の出動は極力避けるべきで、ここに文民統治の意味があるはずなのだが。

二〇〇〇年六月三〇日［金］

ディリからスアイ到着。日本の家族には悪いが、別の意味で家に帰ってきたという感じ。

コミュニティ行政官の一人、パキスタン人Ａに対して国連軍から正式な苦情。こやつ持ち前の虚言症が崇ったか。県知事の俺の権威を傘に、こやつ担当のファトミアン郡（Fatumean Sub-District）において、ここに駐屯する国連軍中隊はこやつの命令下になくてはならないと、ここの住民と中隊隊長にぶったらしい。たぶん、こやつの契約の更新はないだろう。小隊隊長の苦情書を読むと、たしかにAの虚言は良くわかるが、このくらいのことでいちいちキャーキャー、レポート書きをするこの隊長もけつの穴が小さい。

また、テントの中で日記付け。かび臭い。

二〇〇〇年七月一日［土］

新任のＵＮＴＡＥＴ管理部部長（Director of Administration：ＵＮＴＡＥＴにおいて、約八〇〇〇人の国連軍、約一四〇〇人の国連文民警察、約一二〇人の国連軍事監視団、そして俺を含めた約一〇〇〇人の国連スタッフの活動をサポートする施設・物資供給を一手に管理するポスト）がディリから視察のため特別ヘリでスアイ入り。なかなか話しの分かるもう六〇近いオランダ人。国連平和維持活動に人生を賭けてきた感のあるジーサンだ。大いに好感を持つ。ルイス准将と一緒に懇談。

数ある国連平和維持活動の中でもこのＵＮＴＡＥＴの特徴とも言える予算の二重構造。つまり、上記の国連人員の人件費・施設費等全ての出費を賄う国連経費予算（来年度約六〇〇億円）、とインフラ整備など東チモールの国づくりのための全ての投資を賄う開発予算（四〇億円!!!）の二重構造からくる非効率性を問題提起する。この二重構造の問題が一番顕著に現れているのが幹線道路の整備だ。幹線道路は国連軍にとって生命線の補給路だから当然国連経費予算から整備の出費がなされるのが筋だ。ところが国連官僚は、幹線道路整備は開発行為じゃないか。だから国づくりの開発予算から出せ、というへ理屈をつける。その結果、担当オフィスの間で責任の押し付け合いが起きて、整備事業が何も進まない状況なのだ。

管理部部長殿、かなり利いた様子だったから、フォローアップがあるだろう。

昼から国連軍関係の行事。ニュージーランド隊の誕生日だとか。最高司令官サントス中将もわざわざディリから。もちろん俺も特別来賓として招かれていたが、面倒くさくなり夕方のパレード謁見と晩餐会をすっぽかす。俺はつくづくこういうのには向いていない。

来週からは、意識して住民とのタウン・ホール・ミーティングと農作物の視察の機会を増やそう。軍など相手にしているヒマはない。

二〇〇〇年七月二日［日］

パキスタン通信部隊から朝食に招かれる。夕方も、パキスタン工作大隊から夕食に誘われる。なんだ、この擦り寄り方は。その他は、いたって平和な日曜日。少し日本ボケを何とかしなければ。

二〇〇〇年七月三日［月］

午後一時から県治安委員会（District Security Council）。二時から県政評議会（District Advisory Council）。県治安委員会は、俺が休暇に行く前に発足の下準備をやり、県知事代理のデスモンドが仕切るはずだったのが、いつの間にかニュージーランド大隊隊長に乗っ取られていた感じ。東チモール民族解放戦線（Falintil）の将校やＳＳＲ（ＣＮＲＴの自警団）の隊長も参加させており俺の構想通り機能しているが、これはあくまで県知事が仕切るものだ。今日は休暇から帰って来たばかりという事で俺は傍観したが、来週からは最初の構想どおり俺が議長、と宣言する。隊長の顔に動揺が見える。

県政評議会は、チモール抵抗民族評議会（ＣＮＲＴ）の参加が中弛みを起こし始め、俺の留守中は全てお流れになったらしい。今日もＣＮＲＴからはたった二人の参加、それも一時間遅れ。全くどうしようもない。県政評議会を始める前は、ＵＮＴＡＥＴからないがしろにされていると不平をたらたら。いざ始めてみれば、内輪の政治活動が忙しいかなんだか分からないが、出るヒマがないという。忙しい割には、ＵＮＴＡＥＴや国際ＮＧＯへの不平不満はちゃんと言ってくる。今日も一つ二つのぶつくさ。

一つは、国連難民高等弁務官（ＵＮＨＣＲ）が主催する「東西交流会（Go and See Visit）」のこと。これは、西チモール残留の難民の代表をこちら側に招待して東チモールの状態を見てもらい、難民の帰還を促そうというもの。西チモールでは未だに併合派民兵たちが、東へ帰ったら国連軍兵士にレイプされるだのリンチされるだの、根も葉もないプロパガンダで難民の帰還を妨害しているからである。先週の交流会は、あの大虐殺のあったスアイ教会で。しかし西からの代表団の中に民兵がいたものだから、それを見つけた住民が大反発。国連軍と文民警察の護衛が付いていたので暴動には発展しなかったが、確かにスアイ教会で行ったのは全くデリカシーに欠ける。しかし、これを文句という形ではなく、県政評議会として、この手のイベントの企画を我々と一緒にやるという態度をどうして示せないのか。「不平」でなく、「議題」をここに持ち寄ろうじゃないか。こういうふうに説く。納得した模様。次回が楽しみ。

二〇〇〇年七月四日［火］
朝からインドネシア軍との戦略円卓会議（ＴＣＷＧ）。いつも通りヘリで、西チモール側の町アタンブア

（Atambua）。西チモール側のボパティ（知事）とインドネシア政府の税関局も加わる。内容はちょっとマンネリ化してきたか。目立ったのは、一〇日前に隣県ボボナロ（Bobonaro）内、国境から二〇キロもの内地で起こった、国連軍基地への手榴弾での攻撃。犯人は捕まらず。もちろん国境を越えて進入した民兵の仕業だが、インドネシア軍によると、民兵制圧に手を尽くしているが、とにかくこういう輩は西チモール内では大人しく、東チモールへ行ってはじめて悪さをするので、取り締まる口実がなくて困っているとのこと。こういうアホな説明に、引きつった笑みを返さなければならない円卓会議の辛さ。

　この円卓会議、そろそろ文民で乗っ取ることを考えないと、いつまでも軍主導では示しが付かない。ボボナロの県知事（イタリア人）に、西チモール側の県知事と一緒にボパティ・フォーラムを開くことを提案したら乗り気だったので、この線で行ってみるか。その際には、ＵＮＴＡＥＴ側は我々外国人だけでなく東チモール人を如何に巻き込んで行くかが問題。

　スアイ帰還午後二時。さっそく昨日の県政評議会におけるＣＮＲＴのずる休みの問題を質《ただ》すためにＣＮＲＴの県リーダーと会談。何と、「空腹では何も出来ない」と、「出席手当」の不在を欠席の理由にしやがる。典型的な発展途上国のメンタリティーになってきた。まあ、とにかく、そういう「手当」の制度も含めて全てを協議決定するのが県政評議会。これに出てこないと何も始まらない、と説得。納得した模様。やれやれ。

　夕方、スタッフ会議。大失敗。ついに切れてしまった。国連車両の使用のことだ。情けない。県知事代理のデスモンドは、俺の留守中、かなり切れまくっていたらしい。とにかく、車両のコントロールは、組織の品行を地元社会に表明するもの。妥協は許さない、と切れたことを詫びつつ納得させる。これからも

●インドネシアの国旗を背に円卓会議。アタンブアのインドネシア軍基地にて。

絶対に切れないよう気をつけよう。

二〇〇〇年七月五日［水］

県知事会議のためディリ入り。

アウンサン・スー・チー批判を展開し日本の人権左翼から総スカンを食っている女傑ジャーナリスト、吉田鈴香、東チモール入り。一週間ほど面倒を見る予定。

日本には、スー・チー女史のような人権のヒーロー・ヒロインを〝外野席〟から奉り、それをちょっとでも批判しようなら即「体制側」の烙印を押し騒ぎ立てるやっかいな人たちがいる。〝体制化〟しているのは実は彼ら自身であることをお気づきではない。一匹狼としてその〝体制〟に挑んだこの女傑に共感を覚える。

東チモールでも、同じような構造があり、ＣＮＲＴやシャナナ・グスマオ、ラモス・ホルタなど独立の闘士の熱烈なシンパが日本に存在する。このような人たちは、ＣＮＲＴ対国連という構図が好きだ。昔の敵はインドネシア、今は国連。しかし、インドネシアからの自由を勝ち取り、これからＣＮＲＴは自らの内部的政治抗争の時代に入る。それが、彼らが目指した民主主義の行き着くところ。こういう現実に、外野席のシンパはついてゆけない。もう闘士の時代は去って、これからヒーローたちは「政治家」にならなければならないんだよ。完全無垢では政治家は勤まらないんだよ。これがわからない。いつまでも独立闘争のナイーブな夢の中にいる。その証拠に、東チモールが独立国家としてどういう憲法を作るべきかなど、具体的な国家のビジョンづくりに、驚くほどこの日本のシンパたち（学者・市民運動家）は何の貢献もしていない。憲法に関しては、外国の統治下での同じ経験と教訓があるはずなのに。情けない。

11 〃チモール化〃へのジレンマ

二〇〇〇年七月六日［木］

県知事会議於ディリ。チモール化の柱、チモール人県知事の採用の議題。噂がすごい。やはり、ボパティ（県知事）は政治的影響をもろに受けるポストだ。一三県全てで一斉に配属するとか、首都ディリ、第二の首都バウカウを含めた六つの県でまず始めるとか。我が県コバリマ、ボボナロ、そして飛び地のオクシの三つの国境県は、チモール人にはインドネシアとの関係維持が難しいだろうから、早過ぎるからまだだとか。

今日の県知事会議での話しだと、UNTAETディリ本部でもチモール抵抗民族評議会（CNRT）との政治的交渉に難航しているらしい。とにかく現在の状況は、六人のチモール人県知事候補がCNRTからではなく、シャナナ・グスマオ氏自身の個人的推薦があって審議され、二人が最終選考に残っているとのこと。

●公務員採用の面接の様子。左端の男性が応募者。この日は、農業訓練職員の採用。教師を含めると、我が県の公務員の数は、最終的には500人を超える。

県知事のような地方の長の選考方法は二つしかない。地方選挙か、中央からの任命。来年に控えた総選挙前に県知事選挙は考えられないから、中央からの任命しかない。その場合には、選考にあたって最大限の公正さをアピールすること、これしかない。とにかくこの件に関して我々現県知事達は、過去二ヶ月にわたって色々な提案をしてきた。もうできることはない。中央から任命されたチモール人県知事が、他の国際職員と県政を維持できるよう最善を尽くすのみ。

やはりもっとも破壊の被害のあった我が県コバリマからだろうか、まだ自分自身が主力になって復興作業を指揮しなくては、という気持ちが

●公務員応募者の登録の様子。この日は、10名の空席に200人以上の人が殺到。

拭い切れない。このジレンマと戦わなければ。とにかく、外国人の長居は禁物なのだ。

二〇〇〇年七月七日［金］

早朝ディリからヘリでスアイ帰省。

医療分野の公務員制のことでもめる。県立病院を運営するNGO、Medicine du Mondeから苦情。今では八〇人になった病院スタッフは、これまでこのNGOのスタッフとして給料が支払われていた。これからは、公務員制度を作るための再登録と、NGOによってまちまちだった給料体系を全国統一のものに乗せる調整をしなければならない。この作業が全然進んでいなかったのだ。人事担当民政官インドラに対する苦情。この

●地元の材料をフルに利用した種子の苗床プロジェクトを日本人一行に説明する、農業専門家サナ（ガンビア人）。

ＮＧＯの予算で給料を払えるのは今月の終わりまで。今月中に公務員制度に乗せる手続きを済ませないと、給料未払い、またストライキということになりかねない。

とにかく、ディリ本部の人事院と、厚生省など各省の連絡がものすごく悪い。これが現場まで影響して、俺は人事院の直属だから、厚生省のことは上から指示があるまで手を下さない、という典型的な縦割り行政の態度をインドラが示す。大いに叱る。

二〇〇〇年七月八日［土］

ＪＩＣＡ（国際協力事業団）関係者、日本大使館連絡事務所、総勢八名の日本人がスアイ訪問。

二〇〇〇年七月一〇日［月］

朝から、CNRT県大会。八時半始まりを九時と勘違いして遅れて到着してしまう。観衆四〇〇人くらい、CNRTディリ本部からの来賓、国連軍ニュージーランド大隊隊長などを待たせてしまう。恐縮。トリで演説。UNTAETのことをthe longer staying, the more problem creating（長く居座れば居座るほど、問題を作る）といったら大いに受けた。とにかく、CNRTはまとまらなくてはならない。さもないとUNTAET暫定政府は行政権移行のターゲットが絞れず、結果としてUNTAETの存在を長引かせることになってしまうのだ、ということを強調。

国連軍西部司令官ルイス准将と面会。現在のホット・イシュー、チモール人県知事採用の状況を説明する。国連軍西部司令部が管轄する二つの国境県（コバリマとボボナロ）においては、対インドネシアの問題があるため、チモール人県知事の採用を対インドネシア戦略円卓会議（TCWG）の進展に合わせて計画的に運ばないといけないと俺は強調する。ディリに最大限の影響を与えるために、少し骨を折ってくれるよう提案。ルイス准将快諾。出来るだけ早く知事職をチモール人に引き継ぎたいが、国境県に限っては対インドネシアの関係平常化を見据えて配属しないと破壊的な結果を生む。

午後一時から県治安委員会（District Security Council）。国連軍ニュージーランド大隊隊長、パキスタン工作大隊隊長、国連軍事監視団隊長、国連文民警察署長、そして東チモール民族解放戦線（Falintil）の三人の将校（例のカッコイイおっさん達）。そして俺が議長。前回からの議題だった、大雨・洪水などの天災を見据えた災害対策行動プランの草稿の承認。

●CNRT 県大会にて。オープニングの民族舞踊。観客席の一番前列には、7人の郡リーダーたち（コバリマ県には7つの郡［Sub - District］がある)、上席には筆者を含めた来賓が座る。

途中、国連軍ニュージーランド大隊が極秘で行った併合派民兵の隠れ家を一掃する極秘作戦を、軍事監視団が事前にインドネシア軍に知らせてしまったことを巡って、ニュージーランド大隊隊長と軍事監視団隊長が険悪なムードに。国連軍にとっては、極秘作戦なのに〝身内〟から漏れたとは何事か。インドネシア軍から民兵に計画が漏れない可能性はゼロではない、ということ。軍事監視団にしてみれば、一応中立な立場ゆえ、もし国連軍の極秘作戦をインドネシア軍が全く知らずに両軍が接触した場合、驚いて発砲、交戦ということになる可能性を懸念。

平行線。俺は、どっちの言い分ももっともだが、この極秘作戦の（具体的な作戦執行の日時は伏せて）骨子だけに焦点を当ててインドネシア軍と確認する場を持ったらどうか。この次の円卓会議（TCWG）が良いだろう、と提案、まとめる。やれやれ。

二〇〇〇年七月一一日［火］

朝一番、スタッフ会議。

新任の国連軍事監視団司令官がディリから俺に表敬訪問。ニュージーランド人のガードナー准将。なかなか庶民っぽい男。

午後は、アメリカ合衆国国際援助庁（USAID）ディリ事務所から表敬訪問。雇用促進プロジェクト（TEP：Temporary Employment Project）の視察のため。当初の一〇万ドルに加えて七万ドルの上乗せを正式に決定される。どんなもんだい。

二〇〇〇年七月一二日［水］

ディリ本部のジェンダー局のスタッフが、これも何の予告もなしにスアイ訪問。本人は、ちゃんと〝手紙〟で連絡したと寝ぼけたことをいう。アホか。ここは最前線だぞ。

午後、ルイス准将と、国連軍による人道的援助について、ちょっともめる。まあ、国連軍の人気取りは今に始まったことじゃないが、ギブ・ミー・チョコレートの乗りでやられると、こっちの〝開発〟と不和を起こす。納得してくれた模様。

国連文民警察スアイ分署建設計画から建物を奪い返した県教育委員会の長老。軟弱にも事務所復興のためにトタン板の提供を要求してくる。大見得切って奪い返したんだから、伝統的な藁葺き屋根できめてみろ。教育者たるもの、子供たちに国家建設の根性を見せんのかい、とハッパ。そのための労働賃金の補助なら出そう、と譲歩。

二〇〇〇年七月一三日［木］

賄いの現地女性が病気で来ず、ここ数日非常食で飢えをしのいでいる。惨め。

ガンビア人農業専門家サナにまたもやディリ農業省からのいじめ。例の民営化主体の世銀の農業政策に真っ向から反対し、対抗策をぶつけたのが五月。それ以来、ディリ農業省ヘッドのフランス人（世銀の太鼓持ち）と事ある毎にぶつかってきた。このアホなフランス人、それを根に持ってサナの契約更新にいちゃもんをつけてきた。見下げたヤローだ。目にモノを見せてくれる。「現地農民の実情に合わない」と世銀の農業政策を、一番被害を受けた県の現場から良心の目で批判したガンビア人農業専門家が、その発言故に離職を余儀なくされている、と騒ぎ立ててやろうか。

12 汚職のはじまり

二〇〇〇年七月一四日〔金〕

新しいプレハブ・オフィス（通称、神戸ハウス。阪神大震災の時、被災者が使ったプレハブが寄贈されたという噂があったが、何のことはない、国連が日本の仮設住宅業者から買ったもの）に移る。場所は、旧県庁舎があった敷地。

朝、カメナサ（Kamenasa）村の長が、俺に面会要請。UNTAET暫定政府が運営するスアイ電力所のチモール人職員が、各戸に電気を引く工事に対して（今のところ全てがUNTAETからの無料サービス）、〃不正に〃料金を徴収した、と苦情を持ちこむ。ついに来たか……。今まで「手当て」の支払いだけで約一五人の電力技師を維持してきたが、この七月からの予算年度に当たって「小さな政府」の公務員雇用計画という建前から、レイオフを実行することになっていた。それと、「公共サービスに対して料金を徴収する」というシステムがまだない一方で、「徴収してはいけない」という罰則もまだない。つまり、この村のケース

●手前に見えるのは、旧県庁舎の正面玄関。完全に破壊されている。向こうに見えるのが“神戸”ハウスの一棟。

では〝不正に〟徴収した職員の名前までがはっきりとわかっているが、それを罰する規則がまだないのだ。かといって、現地政府としての俺が何もしなければ、この村の手前、無政府主義を容認するようなものだ。

しようがないから、ケジメをつけるために、国連文民警察に〝捜査〟させることにした。そこで、文民警察官の中では一番地元に溶けこんでいるアラバマ男ハーベイを任命。彼、張りきって、当の電力技師を尋問しに飛び出した。一日かけて〝捜査〟を終了。この電力技師が村に謝罪、徴収した金を全額返還ということにまとめる。上出来。明日の朝、俺の前でこの金を引き渡す儀式を行う予定。

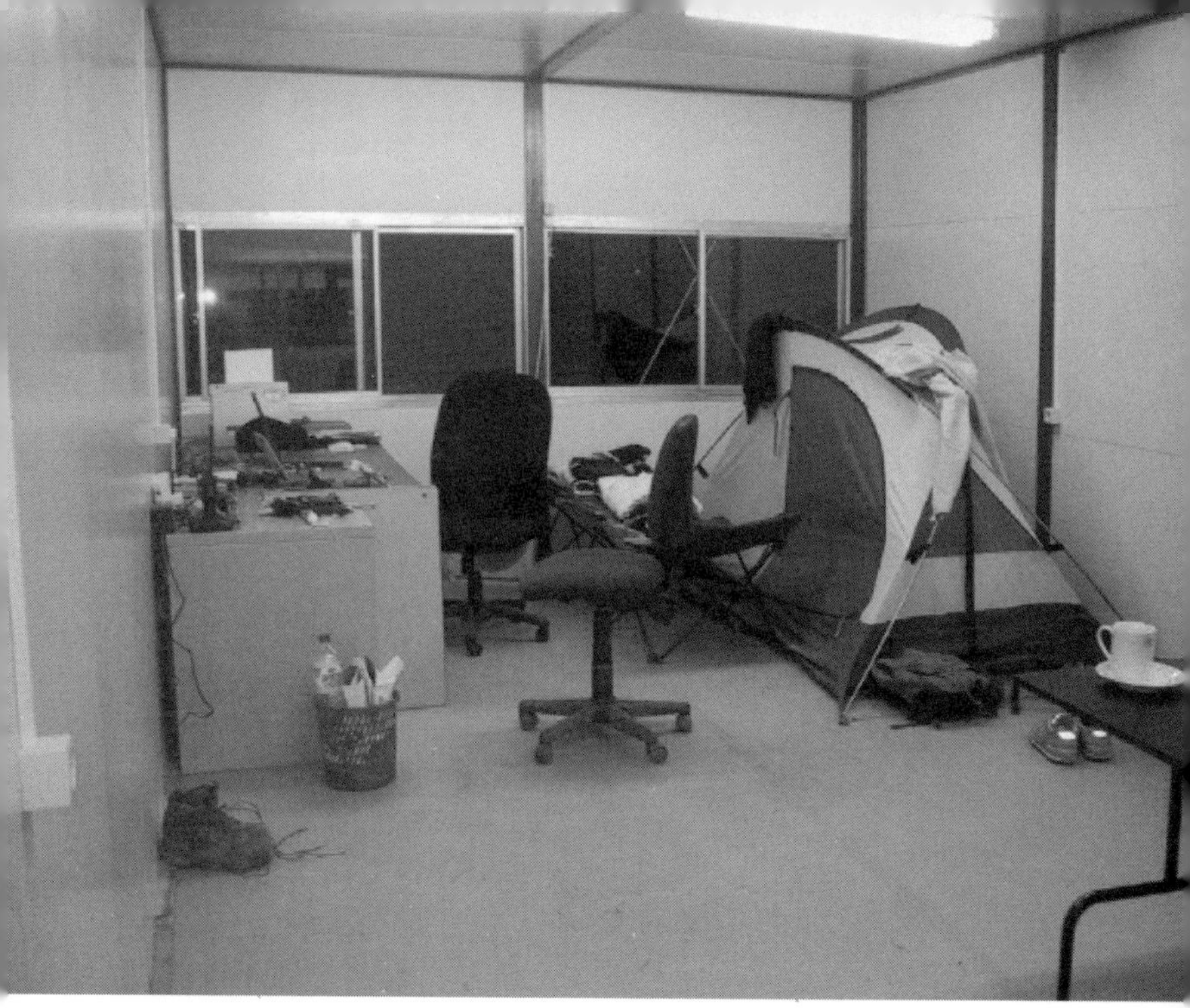

●筆者の執務室。近くに家を見つけるまで、依然テント暮らし。

しかし、残念な事件だ。レイオフされる職員達の境遇を鑑みて、彼らの現金収入プロジェクトとして、この県独自の徴収システムを考え始めた矢先のこと。残念だ。

二〇〇〇年七月一五日［土］

昨日の電力技師の不正事件。朝、時間通りに、金を返しに現れる。なかなかよろしい。しかし、村側が出した被害者リストに不満がある模様。一応、持参した八〇万ルピアは取り上げ、国連文民警察の金庫に保管することに。月曜日に、被害住民全員を集めてまた会議。やれやれ。

二〇〇〇年七月一七日［月］

朝から、一昨日の電力技師の不正

●名物司祭レネ。UNTAET が出すペットボトルを回収し種子の苗床用の容器に転用するプロジェクトを発案。頭が下がる。

事件の調停。被害者の村の長と当の電力技師、文民警察署長とハーベイの立会い。村側が出した被害者リストに関する問題は、週末に両者の間で合意がなされた模様。こやつに、この他の余罪が判明したら留置所行きだぞと脅し、まあ一件落着。

英国キングス・カレッジからの使節団。UNTAETに雇われて、国防軍としての東チモール民族解放戦線(Falintil)の将来に関するシナリオづくりのため。ルイス准将、Falintil幹部、国連軍事監視団隊長、国連文民警察署長と共に会談。この使節団、あまりプロの集団とは見受けられず。三人の自称専門家の内、軍経験者は一人のみ。これで大丈夫なのかしらん。

俺が提示した問題点。まず経済性の問題。果たして、自前の国防軍を維持できるほどの経済力が東チモールに備わるのかどうか。軍を造ることは国連の使命になり得ないから、もしそれを二国間援助にたよるとしたら、例えばアフリカにおけるリビアの介入のように、国際政治に小国の軍隊が翻弄されないようにするにはどうした措置が必要なのか。

Falintil の将校が発言。将来の国防軍は国境付近に配備されるべきではない。インドネシア軍との衝突が起ったら全面戦争の可能性があるから。だから、国境警備は警察力に任せ、軍は内地に配備し、工作部隊のようなインフラ整備に従事するべきだと（なにを軟弱な！　警察と国防軍の両方を維持できる経済力が期待できるだろうか）。

夜は、スアイ教会名物司祭レネの招待で夕食。賄いの女性がこの一週間ずっと休みでヒモジイ思いをしたいたから大変助かる。

二〇〇〇年七月一八日［火］

また日本から取材の申し込み。今度もテレビ。日本テレビの「今日の出来事」で放映するためらしい。あまり調子に乗らないように気を付けよう。平常心。自然体。

世銀の医療保健政策。各県でリーダーＮＧＯを指定し、独自の医療保健政策を発注する。一見画期的なアイディアだが、各ドナーの金を一括して世銀が管理する基金に集め、そこからＮＧＯに流すという、中央集権、ＮＧＯ奴隷化の魂胆が見えてきた。しかし、診療所補修など高額な出費項目においては全て世銀が中央で行うというもの。村の大工でもできる補修を、国際入札するというアホなことをやる魂胆。ＮＧ

O独自のフットワークの良さを巧妙に損なわせている。「農業政策」の時と同じような騒ぎを起こしてやるか。

13 和解に銃はいらない

二〇〇〇年七月一九日［水］

かなりヒモジイ。昼飯は、やっと中央市場に出来た掘建て小屋のレストランで、ハエだらけになりながら摂る。

アメリカ合衆国国際援助庁（USAID）の雇用促進プロジェクト（Temporary Employment Project：県知事に一〇万ドルずつが、道路補修など復興事業の労働賃金として自由裁量で使えるという、痒いところに手が届くプロジェクト。さすがアメリカ！　発想が違う。大嫌いだけど）の賃金を村に払いに行った我が出納課の東チモール人チームが、支払いをめぐって一〇〇人くらいの人夫ともめ、出納課二人が人質に取られる事件が発生。この出納課チームを管理するアメリカ人スタッフが顔を真っ赤にして報告に来る。国連文民警察の出動を、とかなり興奮している様子。もう伝えてしまったらしく署長（カナダ人）が俺の部屋の外で待っている。まあ落ち着け、

●活気を取り戻してきたスアイ中央市場。市場の建物は破壊されているので、個々シートで屋根をかけ店の体裁をつくっている。タバコ、清涼飲料水、酒等、雑貨が並ぶ。ほとんどインドネシア産だ。

とたしなめ、事情を聞く。支払い書類をこちらが紛失し、それがもとで支払いが遅れるということをうまく説明できなかったというお粗末。その出納課二人に身の危険があるのかと聞くと、現場を見たわけではないのでわからないという。アホ。しょうがないから俺が通訳を伴って一人で行くことに。

一人で大丈夫か、とアメリカ人。一人で敵陣に乗り込んでくる外国人を襲うほど東チモール人は馬鹿ではない、と言ってやる。

二人が捕われているというサレレ郡（Salele Sub-district）の村まで車で二〇分。一〇〇人くらいの男共の群れが見えてくる。俺の車を見つけると奇声を上げ始めている。

近づいて行くと、知事の俺が来たことに目を丸くしている。捕われの二人がいたのは、郡リーダーの事務所のテラス。車を降りつかつかとテラスに。二人は笑顔で談笑している。そら見たことか。とにかくこのテラスから通訳を通して演説。支払いの問題は、こちらの落ち度だから近日中に全て支払う。しかし、苦情を表現するのは良いことだが、人質を取るような手段は良くない。いつでも俺の事務所の戸を叩けと、と言うとニヤニヤしている。いい機会だから、その他の苦情も言ってみろ、と小一時間。

無事、二人を伴って帰還。すぐにかのアメリカ人スタッフを呼んでたしなめる。国連軍や文民警察が、ここの住民に銃を向けるようなことは、俺の県では許さん。それを口にすることも断じて許さん、と。

二〇〇〇年七月二〇日［木］

家が見つかる。オフィスから歩いて三分。理想的。電気はないが水はある。ちょっと曰く付きの家だ。それというのも、元の家主は併合派民兵の幹部で、現在は西チモールに潜伏中。その妻の妹が家主を代理しているが、余り気持ちの良いものではない。知事が元民兵の家に住むというのは如何なものか、と現地スタッフの数人に聞いたが、親戚に民兵を持つ家族なんていくらでもいるからどうってことない、とのこと。

二〇〇〇年七月二一日［金］

ベコ村で、またあのＣＰＤ‐ＲＤＴＬ（大衆防衛委員会‐東チモール民主共和国）が大会を開くというので政務担当民政官のオマールと国連文民警察副署長を送る。ニュージーランド大隊隊長も同席。ディリからまたもや幹部が来て、これがとんでもない大口叩きで大変な騒ぎに。また、ベコ村の公民館（元の政府のもの。

現在では県知事である俺の管轄下）をＣＰＤ－ＲＤＴＬ県本部と宣言したらしい。これに、国連軍が色めき立ち、その建物は国連軍が占拠すると挑戦。今日からネパール隊が常駐することに。いやな兆候だ。結局は銃で脅すようなものだ。オマールに任せずに俺が行くべきだった。後悔。

とにかく文民主導でＣＰＤ－ＲＤＴＬとＣＮＲＴの間を取り持つ予防外交をやらなければならない。次の県政評議会（District Security Council）でＣＮＲＴのリーダーたちとざっくばらんに協議してみよう。

二〇〇〇年七月二二日［土］

昼から、ズマライ郡（Zumalai Sub-district）の国連軍ネパール隊を中心に開催する舞踊大会とＵＮＴＡＥＴ主催のバレーボールとサッカーマッチ最終日。この郡の一一の村の対抗。ネパール人コミュニティ行政官プラディープの骨折り。三〇〇ドルの予算で商品など全ての出費を賄う。商品のユニホームやボールは、東チモール国内では手に入らないので、唯一西チモールに入れる国連軍事監視団員に依頼して西チモール、アタンブア（Atambua）で調達。商品の授与は俺と国連軍ニュージーランド隊、パキスタン隊の隊長が行う。

二〇〇〇年七月二三日［日］

昨日の行事で疲れきっているのに日曜の朝からニューヨーク、国連平和維持活動本部からの使節団の対応。来年の総選挙に向けてのシナリオづくりのインタビュー。二時間ほど応じる。問題の焦点は何と言っても、選挙登録の問題。特に西チモールに残留する難民のそれ。全人口の約一割、一〇万人いると推定されている彼らを参加させないと民主主義の土台が危うくなる。しかし、どうやって全員を帰還させるのか。

帰還には治安警備が必須。民兵が潜んでいるからだ。現在、我が県の国連軍は一個歩兵大隊（ニュージーランド隊）、国連文民警察は三五名。国境の通常警備のほかに週三〇〇名ほどの帰還をこなすだけでもう限界。大勢で押し寄せてくるとしたら、帰還のメイン入り口であるこの県はカオスになる。文民警察の増員と根気の要る融和作業を担うコミュニティ行政官の増員、俺の事務所の車両などのロジ増強がない限り不可能、と言ってやる。

別の方法として、帰還させずに西チモールで選挙登録をする場合がある。しかし、今月初めに始まったUNHCRよる、ただ頭数を数えるだけの難民登録作業も、難民帰還を何としてでも阻止しようとする民兵による執拗な妨害で中断状態。選挙登録などできるわけがない。

新しいオフィス（神戸ハウス）に移ってきて業務は快適そのもの。前オフィスは、全く事務所の体裁をなしていなかったけれど、水と食事のアレンジはあった。しかしここはエアコン、ディリと直通のデジタルフォン、インターネット（衛星回線）、何でも完備。しかし肝心の生活用水と食事がない。アホみたい。しかし、ひもじい。早く共同キッチンを建てて食事の賄いさんを雇わなければ。

朝、インターネットカフェ（国連職員の娯楽用にターミナルを五台設置した一室）をのぞいたら、五台全部のターミナルがポルノサイトにつながっていた。昨日の深夜番の文民警察官の仕業らしい。さっそく張り紙を壁に。Don't Browse Pornography. Masturbate in your tent only.（ポルノサイト禁止！　マスターベーションは各自テントの中で。）

14 武装民兵との銃撃戦、犠牲者一名

二〇〇〇年七月二四日［月］

午後一時より県政評議会（District Security Council）。ベコ村（Beco）でのＣＰＤ‐ＲＤＴＬ（大衆防衛委員会‐東チモール民主共和国）が起こした騒動の対処について。国連軍と国連文民警察による拠点封鎖は、当日の成り行きではベストの解決方法だが、やはり銃の力だけで黙らせたことは、文民統治の長として忸怩たる思いがある。しかし、再発防止のための和解作業を今からでもやるべきであるという俺の決意を表明。皆賛同。今週中に俺が音頭を取り、ＣＰＤ‐ＲＤＴＬとＣＮＲＴの和解ミーティングを持つ。

県政評議会にＣＰＤ‐ＲＤＴＬの代表をオブザーバーとして参加させたら、と「探り」の提案をする。前回から参加を許可していたFalintil の将校が発言。ＣＮＲＴはＵＮＴＡＥＴの正式なパートナーであり、東チモールの人民を代表するコンソーシアム（Consortium：独立を支援する政党の集合体）と理解されなければ

ならない。それに対して、CPD-RDTLは一つの政治政党であり、もしCPD-RDTLに発言権を与えれば、その他の個々の政党にも同様の扱いをしなければならなくなり、収拾がつかなくなる状況に。よって反対。——ごもっとも。

朝から、国境から潜入したと思われる併合派民兵の集団と国連軍が県内国境近くの山間部で遭遇。この集団は小隊（Platoon）規模（三〇ないし四〇人）。自動小銃、手榴弾を使ったかなりの交戦。この交戦中、ニュージーランド隊兵士が一人Missing In Action（交戦中行方不明）との報告。国連軍は、この集団の西チモールへの逃走を阻止するために、通過可能な経路を全て封鎖する作戦を敷いているが、まだ捕まえていない。

夜は、スアイ教会名物司祭レネのところでご馳走になる。ウイスキーも出てほろ酔い気分で帰宅。テントでこの日記を書いている途中、軍事ブリーフィングから帰ってきた国連武官が報告に来る。行方不明だった兵士が死体で発見されたとのこと。俺の任期中で二人目の犠牲者。銃撃戦で初めての死亡。酔いがいっぺんで吹っ飛ぶ。

小隊規模の民兵が潜入してきたことは、大きな問題だ。明日は忙しくなりそう。

二〇〇〇年七月二五日［火］

昨日死亡のニュージーランド兵士。まだ二四歳。頭部を撃たれて即死。その後、首をナイフで引き裂かれ耳を削ぎ落とされていた。Mother Fucker! 民兵野郎！

昼前には遺体を本国に向けてスアイ飛行場から国連機で。この間、我が国連文民警察がいちゃもんをつけ、機の出発が遅れる。この署長に罪はない。本部がいかん。つまり、この一件は県内で起こった殺人事件だから、刑事であり、証拠品としての死体の国外への輸送には文民警察ディリ本部の承認がいると、我が署長に指示したらしい。従順な彼は、スアイ飛行場に急行。機の出発に待ったをかけて、国連軍と非常に険悪な雰囲気になったらしい。俺がその場に居合わせたら怒鳴っていただろう。

注目を集めるこのような事件が発生すると、各関係部署がそれぞれの自己主張、アイデンティティ確立のために殺到する。エアコンの効いた部屋でふんぞり返り、現場にちょっかいを出す〝本部〟。〝本部〟の集合体である国連組織の病巣だ。

二〇〇〇年七月二六日［水］

インドネシア軍との戦略円卓会議TCWG（Tactical Coordination Working Group）於バトゥガデ（Batugade）。隣県ボボナロにある国境沿いの町だ。いつもの面々。ニュージーランド大隊隊長は、一昨日の事件対応のため欠席。

同事件後、どんな面をさげてインドネシア軍が会議に臨んでくるか興味しんしんだったが、インドネシア軍国境統括司令官の音頭で死亡した兵士のために黙祷。国連軍は、事件発生後迅速に国境全域に兵を展開させ民兵制圧の努力を見せたインドネシア軍を称える。

インドネシア軍のもっともな言い訳。西側では何の罪を犯していないばかりか難民を装っている併合派民兵を逮捕した場合、奴らが煽る大きな暴動を恐れている。国連軍においては、東チモール側で民兵を見つけた場合躊躇なく射殺して欲しい（おいおい）。

西チモールに駐在する国連難民高等弁務官（UNHCR）責任者が発言。西チモールに展開する併合派民兵の組織ＵＮＴＡＳが、今週末にここバトゥガデで予定されている難民と東チモール側の家族たちとの交流会を徹底的に妨害する、という声明を出している。

前から議題に上がっている国境河川の西チモール側の灌漑プロジェクト。こちらの意に反してインドネシア政府による建設は停止しておらず、当の河川にもうちょっとで達する所まで進んでいる。こちらとしては、ＵＮＴＡＥＴ、インドネシア間の外交合意がなされるまでこの工事はストップされるべきだ、と以前からの主張を展開。インドネシア軍は、さっそく地方政府に掛け合い、工事ストップのために尽力すると約束。今日のインドネシア軍はしおらしい。

ＴＣＷＧ終了後、バトゥガデ正午発。途中、ボボナロ県内バリボ（Balibo）にあるオーストラリア隊基地に着陸、ルイス准将、ボボナロ県知事、オーストラリア大隊隊長、ニュージーランド大隊隊長代理と俺で昼食を兼ねた会議。この会議は俺がルイス准将に提案していたもの。「国境県のチモール化」が議題。東チモール人の県知事任命は完全に国内政治に翻弄されている状況で、一番デリケートな三つの国境県（ボボナロ、飛び地のオクシ、そして我がコバリマ）のチモール化を、他の県と同じように進められるかどうか。現状況で、例えばインドネシア軍との円卓会議に東チモール人を参加させられるかどうか。もし今できないなら、いつできるのか、等、俺の問題提起でブレーンストーミング。

一応の合意は、現段階ではチモール人官僚や東チモール民族解放戦線（Falintil）を円卓会議に参加させるのは無理（去年の悲劇からまだ一年も経っていないのに、チモール人にインドネシア軍と握手しろなんて言うのは無理）。外交レベルでの国交正常化の進展を見据えて、警察間協力、税関協力、共有資源活用協力の枠組みがＵＮＴＡＥＴ国際職員によってできるまでは、この三つの県へのチモール人県知事の任命は慎重に進めるべき。

こういう提案を国連軍西部司令部として、UNTAETディリ本部に正式進言することを同意。

二〇〇〇年七月二七日［木］

朝九時より、CPD-RDTL問題の件でベコ村へ。CPD-RDTL代表と一〇人くらいの長老達と二時間話しこむ。

二一日の騒動は、結局はディリからやってきた党幹部の言いなりで決起した恰好。この連中はいたって物静かな奴ら。とにかく、民兵の制圧こそ国連軍の役目なのに、政党同士のこんな小さなごたごたに軍を出動させたのは、全く恥ずかしい。文民統治の長として、民兵にでなく県民に対して銃で睨みを効かせている事態を招いたのは、大変恥ずかしい。こんなふうにしみじみ説得すると、皆下を向いて黙っている。かなり効いた模様。

CNRTとの和解は必要か、ときくと黙って頷いている。とにかく、うちの若いもんがCNRTに袋叩きにあったことがきっかけとなって、二一日の決起になったんだ、と言う。

来週に、CNRT県幹部を呼んで、和解会議を開くことで同意。後は、CNRTへの根回し。政治状況が目まぐるしく変化し、中央からの横槍がどんどん来ることが予想される状況で、一回こっきりの和解会議じゃだめだ。これを定期的にやらないと意味がない。

その後、車に飛び乗り県知事会議のため陸路ディリへ。

本日、ディリから一報。チモール人県知事が任命される最初の六つの県の一つにコバリマがなることに。昨日のルイス准将との同意と平行して、積極的にこの決定を受けなければならない。何と言っても、このチモール人への責任移行が、俺が自分自身に課した任務の一番の要。たとえ今の国境の状況がチモール人のインドネシア軍との円卓会議への参加に最適なものでなくても、それ以外の行政分野で移行を進めなければならない。一番移行が難しいとされるこの県で、一番最初に一番最適にそれがなされるよう。とにかく、前に進むのみ。

二〇〇〇年七月二九日［土］

デイリ滞在。朝は、La'o Hamutuk（東チモール業界では有名な機関誌）の編集者ジョー（アメリカ人）から、世銀の農業政策についてインタビューを受ける。日頃から懇意にしていた国際ＮＧＯの一つケア・インターナショナル（CARE International）を通じて、面白い県知事がいる、と伝わったらしい。記事に書くときには匿名、ドラフトの事前の提示を条件に話が弾む。二時間ほど。

夜、俺の留守中県知事代理を任せた政務官のオマールから緊急電話連絡。今日の午後、県国境近くで、民間人が民兵と見られる二人組に狙撃されたとのこと。命に別状はなしとのこと。

二〇〇〇年七月三〇日［日］

スアイへ陸路で。午後二時オフィス到着。日曜だというのに国連文民警察も国連軍事監視団もフルで働いている。ちょっと異様な雰囲気。さっそく監視団隊長からブリーフィングを受ける。国境近くで民間人を狙撃した二人組の一人は、インドネシア軍の制服を着用。三〇～四〇発、自動小銃で撃たれたらしい。そもそもこの遭遇は偶然で、逃げるところを後ろから撃たれたとのこと。被害者はスアイ県立病院へ収容。

この事件が元で、既に様々な噂が町中に。木曜日に俺がディリに発ったことも、国連の長が逃げた、と伝わっていたらしい。それだけ俺の動向が見られているということ。

NGOの間にも誇張された噂が。ディリの彼らの本部では、コバリマ県は大変なことになっている、ということがもう定着。国際NGOの一つは、我が県からの撤退を真剣に表明し始めたらしい。やれやれ、明日から一週間は、治安情報のルート整備をやらなければ。

二〇〇〇年七月三一日［月］

朝から、治安情報に惑わされる。国連軍事監視団と国連軍からの情報が交錯。国連軍は、護衛付きでないと民間人の国境付近への接近はダメ。しかし、監視団は、夜間を除けば心配なし、という判断を下す。ニュージーランド大隊隊長はもう既にスアイから民兵制圧の陣頭指揮をするために国境の町ブルリック・ラタン（Beluik Ratan）に移動済み、と当の国連軍情報将校は言うけれど、監視団はこれを否定する。小銃を携帯している国連文民警察は、国境近くは危険と判断し要員を撤退させると言うし、非武装の監視団はまだ全然平気だと言う。

夜、ルイス准将に、治安情勢判断における今日のアホな状況を相談する。やはり回答は、県知事が指揮する緊急対策本部（District Operation Center）の設置しかない。頑張ろう。

二〇〇〇年八月一日［火］

朝からスタッフ会議。新任のチモール人公務員二人を参加させての初めての会議。途中通訳が必要になり四時間かかった。忍耐が大切。この忍耐こそが、このミッションの要。

緊急対策本部（District Operation Center）設立の作業で午後の大半を使う。国連軍、国連文民警察、国連軍事監視団の間の調整。誰もが主導権をとりたがる。

スアイ水道局職員一〇名が、レイオフを不満にスト。ある国際NGO主体で今までやってきた水道事業。職員たちの給料はNGOを通じて払われていた。それを公共事業としてUNTAET暫定政府が引き継ぎ、現地職員を公務員制度に移行する。しかし予想される財政難から小さな政府のスローガンの下、半数ほどの人員をレイオフしなければならなく、その情報を得てのスト。明日朝早く様子を見て和解会議を開く予定。

二〇〇〇年八月二日［水］

スト中のスアイ水道局職員のうち七人と会談。人事担当民政官インドラにイニシアティブを取らして進める。こやつなかなか向上している。良い傾向。現在の雇用主である国際NGOの外国人スタッフとの感情的なもつれが絡んでいるらしい。このNGOは名の知れた優良団体であるが、東チモールをバカにしているのか知らないが、人事管理の経験もないヒッピーみたいなのを現地職員の上に立たせている。だから、こうなる。今日の会談では、とにかく、不満をストと言うかたちで爆発させる前に、我が県行政府に相談しろ、と最後には笑いを交えて握手。やれやれ。

夕方、カメナサ村（Kamenasa）の「長老小屋」の完成式に招かれる。車を降りると、民族衣装の長老に出迎えられる。村の真中に、立派な高床式の伝統的建築。木の切りだしに三日。運搬に三日。建設に三日かけるのが、これを建てる儀式。先祖から授かった宝物を納める村のシンボル的建物。去年の九月に民兵の攻撃で焼かれて以来一年。この再建は非常にシンボリックなもの。明日は、踊りと歌を夜どおし行う祭りのクライマックス。

夜八時から、我が県で活動する国際NGO六団体のヘッドを集めての治安情報ブリーフィング。日頃からここのNGOたちは、治安情報の提供が少ないと文句たらたら。甘ったれるんじゃやねぇ。治安情報の全てを進んで披露する現地政府がどこにあるか。俺が内戦下のシエラレオーネにいた時は、自分の責任で情報収集していたんだぞ。と、言いたくなるのを堪えて、緊急対策本部（District Operation Center）設置の計画を披露すると、満足の様子。やれやれ。「NGO道」のわかっていないNGOが多すぎる。

深夜、ニュージーランド大隊基地で隊長と一対一のブリーフィング。隣県ボボナロでは、既にオーストラリア隊が銃撃戦の末二人の民兵を射殺している。我が県ではどうかというと、ニュージーランド隊による民兵一掃作戦は依然難航。今日は、国境沿いで追い詰めて仕留めるまで行ったらしい。でも、西チモール領内に入ったので狙撃を止めたのこと。とにかく、オーストラリア軍は二人仕留めたのに、ニュージーランド軍は一人犠牲者を出した。この事実が、この隊長に重くのしかかっている。本当に憔悴していた。とにかく十分睡眠をとって欲しい、と言って、帰宅。

二〇〇〇年八月三日［木］

午後は、カメナサ村（Kamenasa）の祭り。俺の来るのをじっと待っていたらしい。着くと、すぐに民族衣装に着替えるために小屋に入る。皆で寄って集って衣装を着けてくれる。王様になった気分。例の先祖からの継承物を奉納する小屋まで、女性グループが太鼓を持ち踊りながらエスコート。その後、輪になって

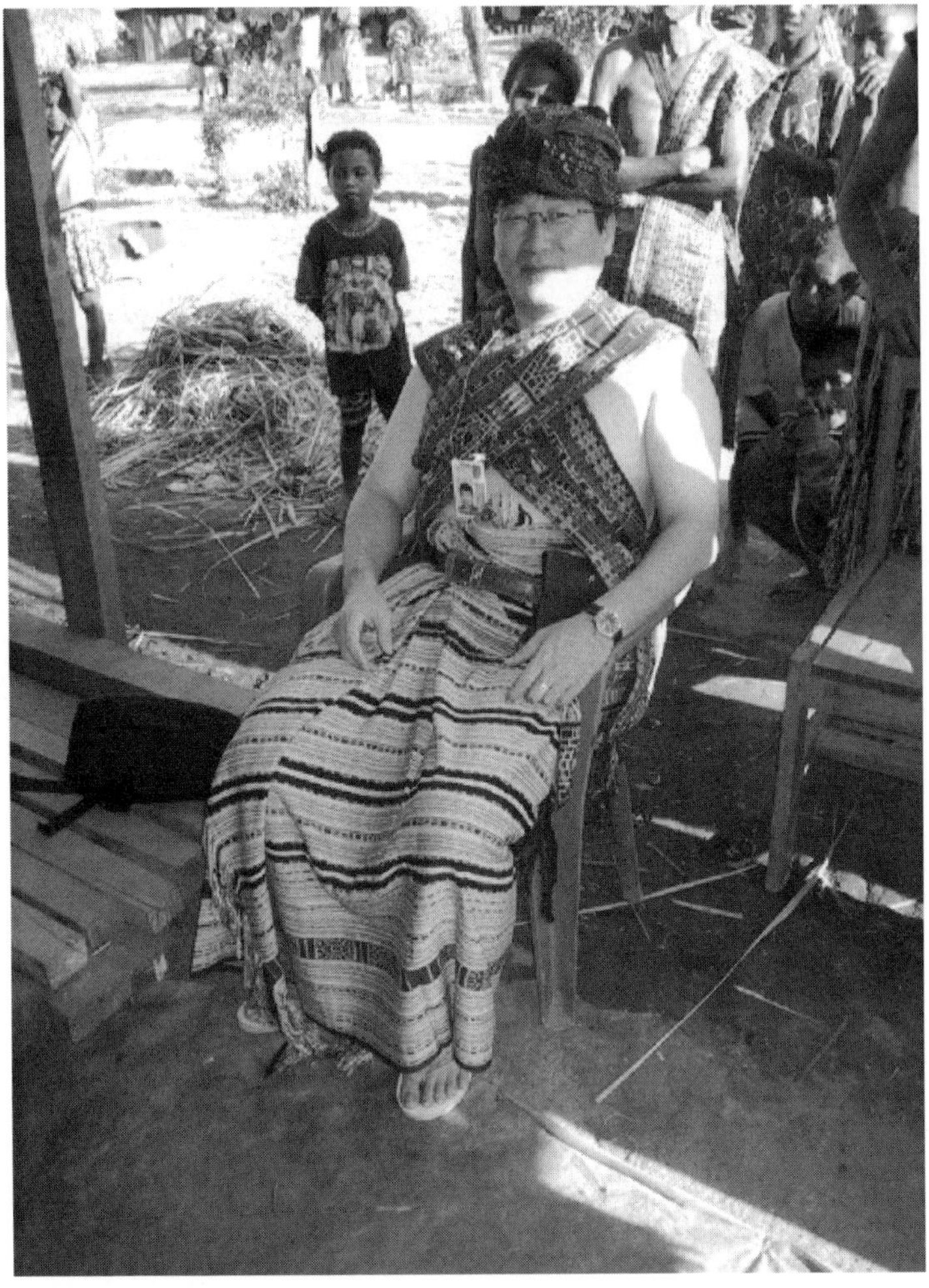

●伝統のタイスを身につけた筆者。

●後ろに見えるのが、先祖からの継承物を奉納する小屋。

一緒に踊り、最後はパームツリーの
樹液の酒を飲んで帰還。感謝、感謝。

●踊りのクライマックスは、男女が輪になって伝統歌謡を合唱。

15 武装民兵ぞくぞく侵入、緊張高まる

二〇〇〇年八月四日［金］

民兵がスアイ飛行場付近で目撃されたという情報が入る。二〇人ほどのインドネシア軍の制服を着た集団という。それに加えて、暗くなってから三発の閃光弾が発射されたのを見たという情報も。国連武官が日課である国連軍でのブリーフィングの後飛んでくる。

まだ情報を他のスタッフに流せない。武官と俺だけに止めている。

有事の際には、我が行政府に、国連職員全員、全NGO職員が集合する手筈。その後、装甲車に先導されてニュージーランド大隊基地に避難というシナリオ。国連職員への連絡は、基本的に無線で。NGOには（NGO専用無線回路が現在ダウンしているので）国連文民警察が連絡誘導をすると署長に指示してある。

これが本当の侵入なら、民兵も見上げたものだ。国境付近の一掃作戦に国連軍兵士がほとんど出払って

いるところを狙ったことになる。それとも、やはりインドネシア軍の手引きか。

二〇〇〇年八月五日［土］

朝から県治安委員会（District Security Council）。死亡したニュージーランド兵、マニング上等兵のために黙祷から始める。東チモール民族解放戦線（Falintil）の新しい指揮官が参加。これも度胸がすわったおっさんだ。国連軍による民兵捜索のブリーフィングの時だ。ゲリラにはゲリラ戦しかないんで、軍用ヘリや装甲車でやたらに探し回ったって捕まるわけがない、とキツーイ一言をこの指揮官が子供を諭すように放つ。国連軍、何も言えず。

その後、県政評議会（District Advisory Council）。このFalintilの指揮官も参加。教育担当民政官のフィリッペ君が、UNTAET暫定政府の教育政策をブリーフィング。するとチモール抵抗民族評議会（CNRT）の代表が、校舎の屋根かけ事業の遅れを指摘。これから乾期で日差しがきつくなるのにどうやって授業を行ったら良いのか、といつものようにぐだぐだ文句をたれる。しかし、このFalintil指揮官が、これも子供に諭すように。どうして国連に頼り切るのか。藁を使ってでもいいからなぜ自分達でやろうとしないのか、と。CNRT、何も反論できず。このおっさん、本当に好きになりそう。

午後六時から、CNRT代表二人と名物神父レネ（彼は、県政評議会の正式メンバー）とで、チモール人県知事選考会議。ディリから送られてきた四二人の応募者（グスマオ氏個人の推薦の六人、CNRT公認、カソリック教会推薦、CPD-RDTL推薦）の履歴書を一〇人に絞る。インドネシア統治下でかなりの役職を歴任した六〇歳前後のが数人いたが、落選。やはり、独立運動に関わって、学歴があり、四〇歳ぐらいの人物に集

●スアイ教会。手前の石が積まれた所は、虐殺の後、民兵とインドネシア軍が証拠隠滅のため死体を焼いたといわれるところ。この場所は保存され、遺族の祈りの場となっている。

中する。

夜は、任期切れで帰国するパキスタン人国連軍事監視団数名の壮行会のためパキスタン工作大隊に呼ばれる。インドネシア軍との円卓会議（ＴＣＷＧ）で意気投合していた隣県ボボナロの監視団隊長、ラオ中佐も出席。最後は、踊りの輪に。

二〇〇〇年八月六日［日］

朝からメアリー・ロビンソン女史（元アイルランド大統領。国連人権委員会委員長）の対応。俺がホストという形でスアイ飛行場で出迎え、我が行政府オフィスへ。ルイス准将、国連軍事監視団隊長、国連文民警察署長を交え、報道陣に囲まれながらブリーフィングを進める。

●報道陣に囲まれるロビンソン女史。

その後スアイ教会へ。感動的な演出。名物神父レネに感謝。男共は締め出され、地元の女性たちだけでロビンソン女史を囲み交流。普段何気なく振舞っているここの女性たちの過去。去年だから過去と言っても生々しい。民兵によるレイプ。出産。そうして生まれたばかりの乳児を一人の女性がロビンソン女史に差し出す。女史、抱き上げながらすかさず〝This is the Child of Suai.（この子は父親は分からないけど、スアイの子です）〟。しかし、絵になるオバさんだ。

二〇〇〇年八月七日〔月〕

夕方、ディリ本部から緊急連絡。我がコバリマ県が、国連緊急脱出プラン（国連は活動地域の危険度を五段階に分けて警戒体制を指定している。最終段階フェーズ5は、全員緊急脱出）でフェーズ2。つまりフェーズ1（通常警戒体制）を飛び越して、非常警戒体制。馬鹿な。誰がこんな情報を流したんだ。

国連武官に確認させると、どうも国連ニューヨーク本部からの決定らしい。たかが、二〇人ぐらいの民兵が侵入し、国連軍といたちごっこをやっているだけで、大袈裟な。こんな決定に乗せられて治安情報をＮＧＯに流したら、即、援助撤退。打撃を蒙るのは地元社会。国連軍もこの決定に驚いている。何でまた、現場の俺たちに伺いを立てないで、こんなことを決めるんだ。明日から、何とか、本部と現場、全ての治安維持の関係者が同じ言葉でしゃべるように調整しなければならない。

二〇〇〇年八月八日［火］

朝からスタッフ会議。前回から現地スタッフの会議への参加でチモール化の始まりを祝ったのに。国連国際職員だけに適用される緊急脱出プランのことは、現地スタッフとはとても話せないので、まず国際職員だけで会議。まったく。有事の際は、国際職員はけつをまくって逃げるよ。これが結局、国連平和維持活動だもんね、と言っているようなものだ。現地スタッフには、国際職員の給料のことを話すと嘘をつかなければならなかった。いやだ。

夜は、俺が議長で、緊急脱出プラン会議。国連軍事監視団隊長、国連文民警察署長等参加。文民警察署長が報告。あのベコ村（Beco）で、二人の女性の口論がきっかけで、またＣＮＲＴとＣＰＤ－ＲＤＴＬのシンパが衝突。怪我人。ＣＰＤ－ＲＤＴＬのリーダーの家が焼かれ、首謀者のＣＮＲＴ、二人を逮捕。明日から再度調停作業の開始。やれやれ。

●ラクトトス、インドネシア軍基地にて円卓会議。

二〇〇〇年八月九日［水］

朝九時からインドネシア軍との戦略円卓会議（ＴＣＷＧ）。軍用ヘリでコバリマ県国境の向かいの西チモール、インドネシア軍駐屯地ラクトトス（Laktotos）へ飛ぶ。この基地には、我が国連軍事監視団の国境渉外チーム（Border Liaison Team）が常駐している。出席者は常連。内容は、このところずっと続いている民兵の東チモール侵入のことに焦点。インドネシア軍の立場は理解できなくない。でも、民兵を見つけしだい容赦なく殺してくれ、はないだろう。

午後四時から、昨日のベコ村の件で、ＣＮＲＴの県のトップリーダーと会議。文民警察署長、ベコ村の村長も出席。このＣＮＲＴ県トップ。

とにかく頑固な男だ。ＣＰＤ‐ＲＤＴＬが政党を騙るからいけない。政党の旗を下ろさない限り直接話すことはない。これ一辺倒。でも、こやつを引き入れない限りベコ村のＣＮＲＴの不穏分子はコントロールできない。

とにかく、あの公民館占拠事件で、国連軍の出動を招いたのは、知事の俺にとっても、ＣＮＲＴのリーダーのあんたにとっても恥だ。まず国連軍を撤退させることを目的に、俺と一緒に和解作業に参加してくれと迫る。なんとか同意を引き出した。明日はまず、ベコ村の村長に命じて、ＣＮＲＴの不穏分子を集めた集会を開くことに何とか同意させた。明日も忙しくなりそう。

同じインドネシア軍基地にて、インドネシア国旗と、国連軍事監視団常駐をしるす国連旗。

16　銃撃戦二人目の犠牲者

二〇〇〇年八月一〇日［木］

朝九時にヘリで西部国境の町ベルリック・ラタン（Belulik Latan）へ。久々の来訪。ＣＮＲＴのリーダー達、そして村長を加えてミーティング。パキスタン人コミュニティ行政官が引き起こしたもめごとを処理。こやつ、ここで、払えもしないコミュニティ参加事業を言いふらし、村人に労働奉仕させてシカトした虚言症のある人物。契約更新をキャンセルした。

夜六時から、昨日のＣＰＤ－ＲＤＴＬとＣＮＲＴの間の調停会議をベコ村（Beco）で開くべくスアイから自動車で移動中、途中で緊急無線連絡。三〇人ほどの併合派民兵と国連軍が、ちょうどスアイ、ベコ村間の山間部で戦闘を開始。事務所に取って返す。すぐに、国連文民警察署長を呼び、現状の報告を命じる。情けないことに、情報を全く把握していない。埒があかず、国連軍西部司令部へ。ルイス准将は休暇で不在のため、その代理のハッチング中佐と作戦司令室でブリーフィング。夜七時の時点で、国連軍ネパール隊兵士四人が戦闘中重症を負い、三人が行方不明。大変緊迫している。ここスアイからほんの数キロのところだ。

即座に、明日に開く予定のノーベル平和賞受賞者ラモス・ホルタ氏スアイ来訪の中止要請をディリ本部に打診する。その後、俺が議長で緊急脱出プラン会議を招集。文民警察署長、国連軍事監視団隊長をコアメンバーに、それに加えて国連難民高等弁務官（UNHCR）代表と、NGO代表を呼ぶ。緊急脱出プラン・フェーズ2を維持。全員警戒体制を宣言。戦闘に直接関わっているニュージーランド大隊から情報を取ることは考えず、西部司令部を情報源にすることを指示。監視団団員の内一人を司令部とのつなぎに任命。軍事監視団事務所、文民警察所は二四時間体制。

二〇〇〇年八月一一日［金］

国連軍ネパール隊兵士一人の死亡を確認。これで本県の戦闘での死亡兵士二人。まだ一人も民兵をとらえていない。

朝八時からスタッフ会議。前日からの治安情報経過を報告する。ネパール人民政官インドラが泣いている。くそっ。

スタッフ二人が無線連絡傍受を怠り会議に遅刻。激しく叱る。

その後すぐに現地スタッフを全員集め同じ経過報告をする。とにかく誇張した情報を地元社会に伝えないよう釘を刺す。

その後、ＣＮＲＴ県本部事務所に文民警察署長と急行。ラモス・ホルタの訪問中止を伝えるためだ。彼を目当てに集まった観衆推定四〇〇人以上。ＣＮＲＴの自警団の青年たちも、ちゃんと制服を着て整列している。ＣＮＲＴ県本部トップのアルバーロ氏だけには、朝一番に政務担当民政官オマールを先に行かせ、ホルタの訪問中止を伝えており、俺が行くまで観衆には伝えるな、と言っておいた。

さて、観衆と対峙。まず俺が、昨日からの民兵との戦闘の経過を報告。ネパール兵士死亡に触れるとざわめきが。前列の女達は涙を拭いている。でも、パニックには絶対に陥るな。陥れば、それは民兵の思う壺だ。そして、もうすでに噂になっているベコ村のＣＰＤ－ＲＤＴＬと民兵の関係の問題（つまりＣＰＤ－ＲＤＴＬが併合派民兵を誘《おび》き寄せているのではないか。だから、ベコ村付近に出没するのではないか）も、これ以上の噂の喧伝に釘を刺す。もしＣＰＤ－ＲＤＴＬとＣＮＲＴの対立という形で東チモール人の間の争いが起これば、これも民兵たちの思う壺。これを俺は強調。皆、驚くほど静かに聞き入ってくれた。

とにかくこの観衆は、ホルタを迎えるため準備万端。踊り、食事の準備。しかし、全てが無駄になってしまったことを謝罪する。ホルタの訪問中止を伝えても静かに聞いていてくれる。最後にＣＮＲＴ県本部トップ、アルバーロ氏がマイクを。国連の県知事の俺が謝ったが、謝らなければならないのは自分ら東チモール人だ、と。涙が出そうになる。

ホルタの訪問中止が転じて、二時間ほどの心に残るタウン・ホール・ミーティングになった。

午後二時に、ＵＮＴＡＥＴ代表（ＳＲＳＧ：Special Representative of Secretary General）デメロ氏、国連軍最高司令官、国連軍事監視団司令官。つまり、ＵＮＴＡＥＴの三巨頭がヘリで急遽スアイ入り。西部司令部でのブリーフィングに同席する。

夜九時、緊急脱出プラン会議。治安情報、朝から進展なし。民兵はまだ捕まっていない。

二〇〇〇年八月十二日〔土〕

朝九時から県治安委員会（District Security Council）。ニュージーランド大隊隊長、出席。スアイは今までにない状況にあると報告。

続いて一〇時から県政評議会（District Advisory Council）。CNRTが運営を任された、寄贈された農耕用トラクターについて、不当に高い料金を農民に課しているという報告が上がる。ガンビア人農業専門家サナと当のCNRTの代表一人で調査チームを結成することを指示。来週までの報告を課す。

夜九時、我が県行政府事務所と道路を挟んで向かいに住んでいる国連武官の家から出火。ロウソクを消し忘れ外出したらしい。もう火が外にまで噴き出している。すぐに国連軍パキスタン工兵大隊にある消防隊を呼ぶ。一台の消防車（一台しかない）が一〇分で到着。なかなか迅速。無事消火。すると当の国連武官が通報を聞いて駆けつけ、赤い消火器を片手にドアを蹴破り中へ。しかし煙にむせてすぐに退散。意味もないのに外から消火剤を撒いている。

この国連武官、その名をクレッグ。ニュージーランド人で元麻薬捜査官。身長一九〇センチ強、シュワルツェネッガーみたいな体格のマウリ族の血が入った六児の父。楽しませてくれる。

二〇〇〇年八月一三日〔日〕

日曜だというのに、朝一〇時から緊急脱出プラン会議を招集。国連武官のクレッグ、あれほど言っておいたのに、国連軍と脱出計画についての擦り合わせを今までしていなかったことが判明。これじゃいくら有事の際に避難集合しても、国連軍による武装エスコートの段取りがなければ、全く意味がない。アホ。キツーイ一言と、両日中に擦り合わせを完了することを指示。まったく。

昼寝をしたら四時間ほど過ぎてしまった。かなり疲れている。首筋から肩、背中にかけて頭痛がするほど凝っている。これしきの緊張で、情けない。

二〇〇〇年八月一四日〔月〕

また朝から緊急脱出プラン会議。緊急対策本部（District Operation Center）設立ファイナル。手始めに、日ごとにアップデートされた県内治安情報を掲示板に掲載するシステムを国連軍事監視団事務所に設置。NGOなど誰でもアクセスできる。

国連軍、民兵の捕獲作戦に必死。ベコ村から東の隣県アイナロ（Ainaro）にかけての地域は立ち入り注意。かなりヤバイ。この区間の通過は国連軍のエスコートが必要。かなりゲリラ戦に近い様相。

やはり今回侵入してきた民兵の狙いは、来週月曜日からディリで開かれるCNRT全国大会と、それに出席する各県から移動するCNRT代表か。今週は、これに加えてインドネシア独立記念日と、民兵の活動を活発化するイベントが集中。山場か。

朝九時から出席するはずだったパキスタン工作大隊による、パキスタン独立記念日のパレード式典をすっぽかしてしまう。悪気はなかったが、緊急脱出プラン会議を優先したため。しかし、隊長はかなりご機嫌斜めだったらしい。そりゃ、そうだろう。ディリから国連軍最高司令官をわざわざ招いて、工作部隊として何より見せつけるはずだった文民政府との協力、そのシンボルである俺がすっぽかしたんだから。夜、さっそく正式な詫び状を書く。やれやれ。

二〇〇〇年八月一五日［火］

朝から日課となった緊急脱出プラン会議。いつまで続くのか。

続いてスタッフ会議。現地スタッフも溶けこんできた。良いサイン。

午後三時から、県立病院の修復作業完成式。テープカットを依頼されていたが、俺よりも子供にやらせろ、と提案。なかなか和やかな雰囲気の式になった。パキスタン工作大隊隊長も出席。まだ俺を見る顔がこわばっている。まあ悪かった、と肩を叩き無理やり握手。

国連軍副最高司令官のスミス少将（オーストラリア人）がスアイ入り。夜は、西部司令部で、食事を兼ねた会議。戒厳令（Curfew）の発令の可能性を議論する。民兵が民間に潜伏し始めたら、戒厳令しか治安維持の方法はなくなる。発令は、俺と国連軍ニュージーランド大隊隊長、文民警察署長の間で決定することになる。

●“子ども代表”によるテープカット。

17　戒厳令発令か

二〇〇〇年八月一六日［水］

緊急脱出プラン会議の後、国連文民警察署長、国連軍事監視団隊長、国連武官と戒厳令についてシミュレーションする。戒厳令発動チームの設立。ただし、必要に応じて立ち上げるシークレット・チーム。メンバーは、俺を中心にニュージーランド大隊隊長、文民警察署長、軍事監視団隊長。しかし、戒厳令発令といってもどうやってそれを知らしめればいいのか。やはり、県内二五〇〇人の動員力を誇るＣＮＲＴの自警団組織を使うしかない。これが将来、威圧的な秘密諜報組織みたいになる懸念はなくもないが、今のところこれしか治安情報の流布の手段がない。はたして、半日で、県内主要町村に発令通達できるか。

今のところ戒厳令の可能性は薄いが、なにせ県内に侵入して国連軍兵士を殺した民兵の部隊は誰も捕まっていない。国境付近で目撃されて県内に侵入してから二週間以上も経っている現在、県内に潜む誰かのサポート、補給なしではこんな行動は不可能と考えられること。民間に潜伏し、民間人を装い、持ち運びが簡単な手榴弾主体の攻撃を始めたら、もう戒厳令しか対抗手段がなくなる。

一度やってみたかった戒厳令。不謹慎か。

二〇〇〇年八月一七日［木］

ＮＨＫの取材班来る。今日から土曜日まで滞在。

戒厳令の話に尾ひれがついて、国連軍が何を勘違いしたか、俺が文民警察と国連武官と共謀して、戒厳令を実際にこの両日中に発令するというふうに伝わったらしく、あわてて飛んでくる。アホ。民衆レベルの噂の喧伝と何の変りもない。

だいぶ前からディリ本部にうるさく要請していたが、やっとクレッグに加えて国連武官がもう一人配属される。故ダイアナ妃の元ボディーガードで、あの自動車事故から生還した生き証人、トレバー。顔の傷が生々しい。タブロイド紙でかなり有名になった御仁らしい。

来週月曜日からディリで始まるＣＮＲＴの全国大会に出席するために、国連軍の護衛とトラックを出して欲しい、とＣＮＲＴ県本部トップのアルバーロ氏が言ってくる。二八人を送りたいという。この普段は頑固な男、民兵の待ち伏せが相当おっかないらしい。護衛と言っても、我がニュージーランド大隊は、延々と続く民兵とのいたちごっこで、そんな護衛のために出せる兵は皆無。それに陸路でディリとなると三つの県を通過するので、三つの違う国籍の国連軍とシマの問題が出てくる。なんでもっと早く言ってくれないの、と俺。とにかくこんな急にアレンジはできない、ときっぱり言っても、アルバーロはまだぶつぶつ。

とにかくこの国の将来を決める大事な全国大会だから命を張って行って来て欲しい、というムチャクチャなはなむけの言葉と、小口現金から二〇〇ドルをトラックのレンタルの足しに、ということで一応落着。

二〇〇〇年八月二一日〔月〕

先々週に報告されたスアイ中央市場での小さな騒動。インドネシアの通貨、ルピア紙幣のうち、一万、二万、五万ルピア紙幣の一部が廃止されるという噂が流れ、これに慌てた民衆がパニック状態になり、文民警察が出動。この噂の事実の確認をディリ本部に迫ったのが先週。噂は本当で、八月二一日付けで廃止とインドネシアが発表したとのこと。しかし、インドネシア国内であれば、向こう一〇年間は全ての銀行で新しい紙幣と交換可能というもの。俺がスアイの騒動を報告するまでディリ本部はこの問題に気がつかなかったというお粗末さ。

このお粗末さに加えて、先週なんと、UNTAET管理部部長（Director Of Administration）から全UNTAET国際職員に対して、上記の紙幣無効と、UNTAET財政部は廃止予定の紙幣を受け付けないので気を付けるようにとの通達が出る。アホ。アメリカドルを流通紙幣に定めたUNTAET暫定政府のドル化政策の不備のお陰で、インドネシア侵略時代からルピア紙幣を依然使い続けている民衆の懸念に何も答えておらず、混乱にかえって火に油を注ぐような通達。これじゃだめ。さっそく管理部部長にファクスで意見書を送る。UNTAETは暫定政府としてインドネシア政府と交渉し、該当紙幣交換の制度をつくるべきだと迫る。これが先週金曜日。今日早速ディリ本部から全県知事に対して緊急連絡。いつできるとは言えないが、該当紙幣交換の制度を近日中に設けるということで住民のパニックを極力抑えろ、とのこと。

本当に、しょーがない。

二〇〇〇年八月二二日［火］

いつまで続くか、緊急脱出プラン会議。気を抜かないために、一応朝九時から毎日やっている。民兵はまだ捕まらず。隣県アイナロ（Ainaro）との県境の山間部に潜んでいる。近隣農村への食料略奪や牛の盗難が相次いで報告されている。山ん中でバーベキューか、このやろ。

故ダイアナ妃の元ボディーガード、トレバーは緻密で使える男。アバウトでどこか抜けているクレッグと良いコンビ。

二〇〇〇年八月二三日［水］

気味が悪いくらい静かな日。緊急脱出プラン会議も少しだれてきたか。こういう時に何かが起こるものだ。気を引き締めよう。

夜は、パキスタン工作大隊より招待。たらふく馳走になる。休暇でしばらく不在だったネパール中隊隊長を見かける。今月の犠牲者を出したあの中隊だ。お悔みの一言から話しが弾む。

あの戦闘は彼の休暇中に起ったのだ。ネパール中隊は国籍が違ってもこの県の大隊であるニュージーランド大隊隊長の指揮を受ける。このネパール隊は、事件のあった当日、民兵目撃の通報を受け出動、そしてまんまと待ち伏せを受け死者を出したかたちだから、彼としては苦々しいようだ。平和強制（Peace Reinforcement）ではなく、平和維持（Peace Keeping）がこの国連ミッションの使命だから、民兵をわざわざ危険を犯して捕獲しに行くまでやるべきか否か。Peace Keepingなのだから、封鎖作戦や待ち伏せ作戦だけで十分なのではないか。これが彼の主張だ。

この辺、微妙だ。「白人の命令」を受ける心理的な抵抗もあるだろうし、Peace Keepingの実践論の議論にも関わっている。どちらにしろ、「他人の国のために命を賭ける」、「どこまで賭けるべきか」、ピースキーパー（Peacekeeper）の行動哲学の本質を突く事件である。

二〇〇〇年八月二四日［木］

朝、インドネシア軍との戦略円卓会議ＴＣＷＧ（Tactical Coordination Working Group）。ヘリで北側国境バトゥガデ（Batugade）へ。

昨日、西チモールでの国連難民高等弁務官（ＵＮＨＣＲ）職員への併合派民兵による攻撃。これを受けて、本日より西チモールでのＵＮＨＣＲの活動はいったん中止。非常な暗い影を落とす。東チモール国境近くの町アタンブア（Atambua）などは、ほとんど無政府状態であるとインドネシア軍自身が報告。インドネシア軍が取締りを強めると、それに反応して暴動が起こる、と自らの非力を認める発言（困るなー）。東チモールへ侵入しテロ行為を行う度胸はなくても、西チモール内で徒党を組んで暴動に参加するチンピラ民兵が多数いることを強調。民兵対インドネシア軍の様相を呈し始めていることを強調（露骨な同情作戦）。

インドネシア軍の言っていることが、どこまでが本当なのか、西チモールに行ってみないとわからない。しかし、日常的にインドネシア軍と接している国連軍事監視団によれば、国境沿いに配属されている三大隊は、戦略的に最大限の展開を行っていると言わざるを得ない、とのこと。この辺が、軍隊による「民衆」の制圧の限界か。あとは、戒厳令しか、軍のできることはなくなる。

例の殺害されたニュージーランド隊マニング上等兵から奪われた、西チモールで押収したとインドネシア軍が言う武器の引渡しの件。国連軍にとってこの武器の回収は、面子の問題だ。そしてインドネシア軍が拘束しているという容疑者をぜひ尋問したいところだが、外交的に微妙な問題。この問題を詰めるために、国連軍、インドネシア軍両者の小委員会が設けられているが、遅々として進まない。しかし、インドネシア軍にとっては、これに積極的な態度を示さないと外交イメージが失墜する。かといって、本当に容疑が確定し、インドネシア軍の荷担（あの民兵はかなり軍事的トレーニングを受けていると見えるから）が暴露されれば致命的な外交的打撃。どうなるか。

インドネシア政府が再度宣言した西チモール難民キャンプの閉鎖の件。インドネシア軍西チモール国境地域最高司令官インドラ大佐に個人的見解を迫る。六ヶ月以内に執行されるだろうとのこと。推定一〇万人の難民キャンプの閉鎖。純粋に帰りたいというフツーの難民を、それを阻止したいチンピラ民兵からどう隔離するか。とにかく「登録」が必要だが、それさえもチンピラの妨害で中止になったのが先月。

夢物語かもしれないが、インドネシアが西チモールを放棄、国連軍、西チモール投入で民兵壊滅。西と東の統一万歳……

二〇〇〇年八月二五日［金］

フォトジャーナリスト永武ひかる女史、スアイ入り。来週半ばまで滞在。子供に使い捨てカメラを配り、

●国連文民警察官　アラバマ野郎「俺に任せろ」ハーベイと、東チモール国民警察候補生達。

子供の目から見た東チモール写真展を開こうというもの。

　依然続いている毎朝の緊急脱出プラン会議に、ＵＮＴＡＥＴ関税局職員を呼ぶことにした。この部署は、税関設置のため、難民帰還のメイン通路になっている国境にプレハブ事務所を建設、人員配置済み。しかし、こっちの用意が出来ていても、あっち（インドネシア側）に同じ用意がなければ、税関が開いたことにはならない。国連軍事監視団を仲介に、インドネシア軍と我が関税局職員の初顔合わせを企画。第一回の顔合わせで感触を得た後、俺に報告を指示。県レベルでインドネシア軍との同意書取り交わしにつなげるというシナリオ。

二〇〇〇年八月二六日［土］

定例の県治安委員会（District Security Council）。この会議の常連になった東チモール民族解放戦線（Falintil）の将校が良い意見を。どんどん悪化している西チモールの治安問題。この治安の悪さが散発的な難民の帰還を促すことが予測される。その際問題なのは、民兵が帰ってきたというだけで容易に扇動される、特に若者達による暴動。Falintil はいまだに根強い畏敬をもたれているから、こうした輩を抑え込むのに効果的。ごもっとも。国連文民警察、国連軍、そして我がコミュニティ行政官たちの間で既に、難民帰還促進チームが出来ているが、そこに Falintil の代表を参加させることを指示する。

二〇〇〇年八月二七日［日］

平穏な日曜日。無線を携帯しながらジョギングと浜辺で夕日観賞。

インドネシア軍が国連軍事監視団を通じて連絡してくる。西チモールで併合派民兵が、非武装の我が国連軍事監視団への攻撃宣言をしたのこと。監視団がもし攻撃されたら、インドネシア軍にとって国際世論上大打撃だから、監視団の国境付近での活動を自粛して欲しいとのこと。変なの。

18 教育よ、どこへ行く

二〇〇〇年八月二八日［月］

怪情報が飛ぶ。コバリマを通過しネパール兵を殺害した併合派民兵グループは、隣県を飛び越してその隣の県マヌファヒ（Manufahi District）のサメ（Same）まで到達し、そこの神父に投降を打診しているという噂。我が国連軍は全面的に否定。マヌファヒ県の国連軍からもその民兵グループの目撃は未だされていないとのこと。

九月六日は、スアイ教会虐殺の一周年。大掛かりな行事が予定されている。ノーベル平和賞をホルタ氏と一緒に受賞したベロ司教も来るのだ。推定観衆一万人。併合派民兵が手榴弾テロを仕掛けやすい状況だ。そこで特別治安会議を召集する。国連軍、国連文民警察署長、Falintil 将校、ＣＮＲＴの自警団隊長、それとスアイ教会名物神父レネ。国連軍は出す兵がないと泣きつく。この行事に兵を配置して国境の警備が手薄になったところを民兵に突かれたら、本も子もないから納得。よって国連文民警察中心の警備体制を敷く。アラバマ男「俺に任せろ」ハーベイを警備隊長に任命。文民警察三五人のほとんど全員と、CNRT自警団約六〇〇人を動員することになる。

レイオフされた教師の不満分子グループ三〇人と面談。先週このグループから直訴状が届く。昨年の虐殺と破壊の後、復興の手始めとしてとにかく初等教育をということで、資格があるないにかかわらず教えられる者は誰でも、とボランティアを募ったのがことの始まり。しかしこの時は、無償のボランティアということの確認がしっかりとされたとのこと。ところが、その後ユニセフによる手当て支給プログラムが始まり、ボランティア精神が「権利意識」へと変化。この支給プログラム受給者は、県内五〇〇人以上にまで膨れ上がり、このまま自動的に彼ら全てを公務員教師に移行させれば、十分な国家歳入の目途がつかない状況で国家財政が破綻するのは目に見えている。「小さな政府」を掛け声に、手当てプログラムをユニセフが終了するのを期に、レイオフを目的に全国一斉学力テストを課したのが五月。テストをクリアしてレイオフを免れたのが二三七人。既に権利意識が芽生えているので落第した教師ボランティアは面白くない。テストの採点に縁故主義がある、というのが主張を展開。そして今日の直訴会議と相成ったわけ。

言い分を聞いていると、少数の者がデマで煽っているのがわかる。一斉テストは、オーストラリアの独占的に援助した、コンピューター・マークシート方式だから、縁故主義も何も、採点に人間の判断の入る余地がない。この辺の説明をすると、ぐうの音も出ない様子。

そして「権利意識」に言及。せっかく素晴らしい建国の精神で始めたボランティア。こういう形で権利闘争の様相を呈するのは悲しい、と小一時間。この辺の屁理屈がまだ通るのは、この人達がまだエセ左翼的被害者意識に毒されていない証拠。

最後に、同席した教育委員会の長老（国連文民警察スアイ分署建設予定地を奪回したあの御仁）に説教。こんなアホなデマがまかり通るのは、教育委員会として十分な説明を教師たちにしていない証拠。これから全教師ボランティアを集め、一斉テストの経過を逐一報告することを指示。これを期に組合運動を扇動してやろうか。何という知事だ。

二〇〇〇年八月二九日［火］

フォトジャーナリスト永武ひかる女史帰る。

スタッフミーティング。新しいスタッフ二人が今週から赴任。タンザニアとシエラレオーネ人。我が行政府で働く国連民政官四〇余名の内、半数以上がアフリカ出身。本当にほとんどアフリカで働いているみたいな感覚。

チモール化への心構えを国連スタッフ全員に再度強調。「自分が主人公」の感覚を捨てること。東チモール人を無理矢理にでも「立てる」こと。東チモール人に仕える術を身に付けること。俺からまず態度で示さなければならない。

二〇〇〇年八月三〇日［水］

あの独立住民投票からちょうど一周年。よって祭日。

祭日だというのに、朝からベコ村で、例のＣＰＤ‐ＲＤＴＬとＣＮＲＴ間紛争の調停作業。これは八月一〇日夜にやるはずだったのが、あのネパール兵狙撃事件で取りやめになっていたもの。CNRT県本部トップのアルバーロ氏は外して、まず偵察の意味もあり今日の集会を準備させた。ネパール兵狙撃事件を引き起こした併合派民兵の長期潜伏が、なぜCPD-RDTL本拠地のベコ村付近で起こったかという、併合派民兵とCPD-RDTLの関係が噂される中、当地のCNRT勢力の心中を探ってみたかったからだ。よって今日の集会は、CNRT勢力の村のリーダーと長老達約五〇人と、ベコ村内の集会所で。国連文民警察四人と国連武官のトレバーが俺の護衛に。国連軍ネパール隊四人が完全武装で会場の周りを歩哨。警備が大袈裟で嫌だが、何と言ってもまだ武装併合派民兵グループが潜伏している地域だ。

演説をぶつ。この程度の内紛に国連軍を出動させたことの遺憾。内紛が多くなれば、UNTAET暫定政府の存在を長引かせるだろうという脅しを加える。併合派民兵とCPD-RDTLの関係のデマを煽ることの危険。一時間ほど独演で、くどくど話す。でも、シーンと、こちらが気持ち悪くなるくらい聞き入っている。

最後に、今日のような会合でいくら啓蒙を繰り返しても意味がない。こういう会合のような日の当たる場での議論に出てこない本当の不穏分子が内紛を煽るのだ。その不穏分子に届かない議論をしている限り埒があかない。CNRT、CPD-RDTL両勢力の不穏分子と直接の調整作業が必要なのだ、と言うと、ざわざわしだす。一人の長老が手を上げる。そんな調整など危険で自分たちだけでは出来ない、と。不穏分子を集めるだけしてくれれば、調整はこっちの仕事だ、と俺。まず、CNRT勢力のそれをやりたいが、そういう不穏分子グループを特定できるか、と聞くと、はっきり頷く。こういう試みは意味があるか、と聞くと、これもはっきり頷く。

●警戒の中、ベコ村で調停会議。

そこでベコ村長に矢を向け、日取りの設定を指示。こやつ、表情からあまり気が進まない様子。どうも、こやつの取り巻きがその不穏分子の一部らしい。どうりで村長になるには若すぎると思っていた。とにかく大勢の前で約束させたから、これからの展開が面白くなりそう。

その後、このベコ村があるズマライ郡（Zumalai）のネパール中隊駐屯地を訪問。明日に予定されている勲章授与式に欠席の詫びを隊長に言うためだ。犠牲者を出した隊だ。ぜひ出席したかったのだ。しかし、明日はディリに行かなければならない。

昼食を馳走になり隊長と話し込む。併合派民兵との戦闘の様子は生々しい。やつらは、仁王立ちでマシンガ

●名将ルイス准将と首藤氏。

ンを構えぶっ放してくるらしい。これは、死を恐れないよほどのバカか、ドラッグの影響だ。俺は後者だと思う。

二〇〇〇年九月二日［土］

県知事会議のため滞在したディリから国連機でスアイに帰還。朝八時半着。すぐオフィスに戻り、九時から県治安委員会 District Security Council を招集する。散発的な西チモール難民帰還（西チモールでの治安悪化に伴い、UNHCRとIOM（国際難民輸送組織）の正規の帰還作業に頼らず自分達で帰ってきてしまう難民のケース）の事に集中する。国境を越える時間も場所も把握できないため、帰還する村々への予告通知ができない。復讐のリンチなどを予防する手だてがなくなる。

二〇〇〇年九月三日［日］

オフィスに出て仕事。たまった書類を処理。

午後、オーストラリア、メルボルン、ポート・フィイリップス市（Port Philips）からの来客。スアイと姉妹都市関係にある。五日に市長がスアイ入り。六日のスアイ虐殺一周年行事に参加するため。

二〇〇〇年九月四日［月］

衆議院議員、首藤信彦氏スアイ訪問。特別メニューを組む。まずニュージーランド大隊基地で隊長によるブリーフィング。

その後ヘリで国境の町ベルリック・ラタン（Belulik Latan）へ。そこでもニュージーランド小隊（七月に死亡したマニング上等兵が所属していた）による国境警備のブリーフィング。ここの小隊隊長、言葉の端々にインドネシア軍への不信感を表す。円卓会議では、大隊隊長レベルでの交流だからいたって友好的だが、やはり前線では感情が剥き出しになる。面白い。

その後スアイに帰り、ルイス准将と懇談。夜は、ズマライ郡（Zumalai）へネパール兵の武装エスコート付きで車で移動。ネパール隊でブリーフィング後夕食を馳走になる。スアイ帰省は夜九時。首藤氏、グルカ刀を土産にもらって上機嫌。長い一日だった。

二〇〇〇年九月五日［火］

首藤信彦氏帰る。

ディリ本部には内緒で進めていた姉妹都市計画、メルボルン、ポート・フィリップス市市長来る。昨日、面会の約束をしていたが、体調が悪いと嘘をついて、すっぽかしてしまった。儀礼的に人と会うのが億劫になってきた。悪い傾向だが面倒くさいのはしょうがない。

明日は、スアイ教会虐殺一周年記念行事。ベロ司教を始め、また面倒くさい来賓の相手。各国のメディア。故ダイアナ妃ボディーガード、トレバーを追いかけて来る者もいるらしい。本当に面倒くさい。

夜は、ウガンダ人スタッフの誕生日会。アフリカ人スタッフ全員集合。踊りとアフリカ料理。近所の地元民にも食事を配る気遣い。本当にアフリカ人スタッフに多く恵まれて良かった。

19 スアイ教会虐殺一周年とＵＮＨＣＲ職員の虐殺

二〇〇〇年九月六日［水］

スアイ教会虐殺一周年追悼。

朝オフィスに出勤したらカメラを抱えた報道陣が俺の部屋の前に。何かと思ったら故ダイアナ妃ボディーガードのトレバーのことが聞きたいという。これがタブロイドのパパラッチか。虐殺追悼の日だというのに。切れる。

午前一〇時からミサ。ベロ司教主宰。観衆推定五千人。ＣＮＲＴ自警団の若者達が国連文民警察の指導の下、凛々しく警備にあたる。この日に合わせて完成させた萱葺きの「平和と和解のためのセンター」は圧巻。名物神父レネの行動力に頭が下がる。

夕方、新たな治安情報が。昨日西チモールのアタンブア（Atambua）で、併合派民兵ラクサール派（Laksaur）

●スアイ教会虐殺一周年式典の様子。

のリーダー、オリビオ・マルック（我県のサレレ村（Salele）出身）が何者かによって殺され、今日、その報復の暴動が進行中。国連難民高等弁務官（UNHCR）現地事務所がターゲットになっている。国際職員数人の死傷者が出た模様。インドネシア軍は、死傷者輸送のヘリを国連軍に要請。自らの責任の放棄か。我県から四機のヘリが飛び立つ。オーストラリア兵一名、ニュージーランド兵一〇名が同乗。国連軍初の越境行動。

オリビオは首をはねられるという残忍さ。こやつを殺して西チモールで誰が得をするか。どうも手口から、故意に暴動を煽る意図の匂いがする。それと「口封じ」か。

こやつの殺害を聞いて、もちろん東

●スアイ協会、平和と和解のためのセンターの内部。

チモール人は手をたたいて喜ぶだろうが、もとは同国人。人々が分断し憎み合うのを仕組み、影で笑っているのは誰か。

インドネシア軍がどんな面をさげてやってくるか。明日の、円卓会議が楽しみ。

二〇〇〇年九月七日［木］

予想していたが、今日予定されていたインドネシア軍との戦略円卓会議（TCWG）は延期。国連軍事監視団によると、西チモール治安悪化を受けて、インドネシア軍はさらに二大隊の投入を示唆しているとか。これが実現すれば、合計五大隊の配置ということになる。

昨日の暴動での国連難民高等弁務官（UNHCR）職員の死亡者数は三人と確認。

午後、姉妹都市ポート・フィイリップス市市長と、同市から寄贈された乗用車の贈呈式。この市長から俺に、ということであったが、CNRT県トップのアルバーロに、ということにさせる。

贈呈式にあたって、UNTAETに頼り切るな。世銀に頼り切るな。この姉妹都市プログラムのように色々な二国間援助の試みを出来るだけ多く行うことが大切、と俺、訓示をたれる。

ポート・フィイリップス市は人口約八万。この市長はゲイ。

二〇〇〇年九月八日［金］

国連軍西部司令部ハッチング少佐が報告に来る。インドネシア軍は追加二大隊派遣を決定。西チモールの西端のクパング（Kupang）から入るとのこと。虐殺のあったアタンブア（Atambua）がある西チモール東部

●後列右端がポート・フィリップス市市長。

でやりたい放題やっている併合派民兵は、西部に暴動を広げているとのこと。途中、この二大隊と衝突することが予想されるが、インドネシア軍がどういう対応に出るか、インドネシア軍、インドネシア政府の〝本気度〟を観察するのが楽しみ。

サンタクルズ大虐殺*を最初に報道し、去年の独立住民投票のとき国連撤退後も一人残って報道したイギリス人ジャーナリスト、マックス・スタール氏からインタビューを受ける。この筋ではかなり有名な御仁。日本のジャーナリズムは国際シーンで影響力はないので何でも言えるが、こういうのは別。よってビデオ撮影は断る。

* サンタクルズ大虐殺——一九九一年一一月一二日、ディリ市内サンタクルズ墓

地に集会していた東チモール人群集にインドネシア軍が発砲。少なくとも二七一人が死亡した。この事件をきっかけに独立支援の国際世論が高まったと言われる。

二〇〇〇年九月九日［土］

ＣＮＲＴの全国大会のためにお流れになっていた県政評議会（District Advisory Council）、久々に開催。西チモールで犠牲になった三人のＵＮＨＣＲスタッフのために黙祷。また、ＣＮＲＴ県トップ、アルバーロ氏の欠席病が。ヤツが出てこないと話にならない。また「空腹じゃ何もできない」とダダをこねたらしい。来週、また調整をしなければ。

ここ一週間ほど県内の治安は落ち着いている。

二〇〇〇年九月一一日［月］

山間部に潜伏していた併合派民兵（ネパール兵殺害に関わっていたかは定かでない）の内二人が、本県とアイナロ（Ainaro）県境のカサ（Casa）で投降した模様。国連軍からの情報。

西チモールの併合派民兵ラクサール派（Laksaur）が近日中にスアイ攻撃を目論んでいるとの情報を受け、国連軍が警戒発令。国連軍、国連軍事監視団は、口コミ、コンタクトパースンを含め情報源を確保しているが、この手の情報により警戒発令をしたのは始めて。

ここ一週間ほど仕事の生産性が下がっている。次の休暇まで一ヶ月を切ったからか。少し気を引き締めよう。

●ベコ村の会議後、記念撮影。

二〇〇〇年九月一二日［火］

カサ（Casa）で投降した併合派民兵は一〇人との報告あり。わが県で投降して欲しかった。残念。

二〇〇〇年九月一三日［水］

早朝から、国連ニューヨーク本部から派遣された外部監査の対応。UNTAET管理部部長（Director of Administration）と一緒にヘリでスアイ到着。三時間ほど滞在。監査というより現状視察程度の訪問。拍子抜けする。

午後三時より、例のCPD‐RDTL、CNRT問題の件でベコ村へ。国連文民警察二人と元ダイアナ妃のボディーガードのトレバーが一緒（彼は本当に責任感を持って俺を護衛してくれる）。

今日は、前回の会議の続き。CNRT側の不穏分子たちを集めてダイレクトに対話する手筈。しかし、出席者五〇人くらいのうち半分以上が前回の顔ぶれ。やはり、過去に問題を起こした不穏分子たちを国連文民警察や俺の前に引き出すのは元々無理な話。しかし、こういう会議はとにかく回を重ねるものだ。色々な背景が分かってくる。今まで大人しく傍観者の態で振舞っていた例の村長。この期に及んで、CPD－RDTL批判のアジを始めやがる（たかが〝旗〟の話。チモール独立革命戦線：Fretilin の団旗を東チモールの国旗と主張するCPD－RDTLがこの旗の掲揚を行ったのがこの騒動の始まり）。これで、前回での推理通りこの村長こそが過激派のドンであることがわかる。これが分かればこっちのもの。こやつに釘を刺す。CNRT対CPD－RDTLという対比自体がおかしいのであって、これは譬えれば、象と蟻のスケールの差。CNRTは象の余裕を持たんかい、と迫る。CPD－RDTLと定期調停会議を開くことに満場一致。「泥棒を捕まえるのに泥棒を使う」の喩えの如く、こやつを前面に立て責任を与えて調停作業を続けてやろう。

二〇〇〇年九月一九日［火］

デイリ、県知事会議会議のため日記の日が空いた。

夜は、ルイス准将の歓送夕食会。名将スアイを去る、か。制服嫌いの俺が唯一脱帽する人物。信頼醸成（Confidence Building Measure）の何たるかを実地で教えてくれた俺の師。彼の去った後のインドネシア軍との円卓会議はどうなるか。

●俺の右隣がリザ氏、その隣はUNTAET副代表、キャディ氏。

二〇〇〇年九月二〇日［水］

国連事務次長、イクバル・リザ氏がスアイ来訪。国連のナンバー3。国連事務総長の閣僚長だ。こんな高いポストの人間なのに物静かで慎ましい。こういう態度は見習いたい。できそうにもないが。

事務所で俺のブリーフィングの後、国連軍西部司令部へ。その後、ヘリで国境の町、ベルリック・ラタン（Beluik Latan）。この辺はセットメニュー。それから、スアイ教会において県政評議会メンバーとの会談。

立ち話だが、リザ氏にシエラレオーネの国連ミッションを勧められる。

20 わが県、初の収入！

二〇〇〇年九月二一日［木］

昨夜、またスアイ飛行場数キロの所で併合派民兵の目撃、国連軍による発砲の報告。だいぶ前に侵入し、何とか西チモールに脱出を試みているグループらしい。

県政評議会（District Advisory Council）を何とか〝倦怠〟から抜け出させなければ。

俺がディリ本部から強奪に成功したしたしたインド系マレーシア人人権担当民政官スーは非常に賢い子。堪能なインドネシア語を生かして赴任以来短期間でCNRTの幹部にも受けが良い。彼女に「県政評議会を面白くするタスクフォース」の責任を与える。

我県の最初の歳入！　未だに県知事の管轄下の旧政府の土地・建物の賃貸料だ。最初の顧客は、なんと国連組織の一つであるIOM（国際難民輸送組織）。破壊され壁だけ残っている家屋を自費で修理させるのが

●我が県で始めてアメリカ小額コインを導入。出納課職員が確認作業。

通例。でも家賃は取る。賃貸料は月五〇ドル……地方政府初の収入には間違いない。

でも問題は、こんな微々たる収入でも全て中央に送金しなければならないこと。いくらかでも県に落ちるようなシステムを作らない限り、この手の収入を増やそうとするインセンティブにならない。この辺が、国連官僚の国づくりの発想の限界。

二〇〇〇年九月二二日［金］

朝からサレレでタウン・ホール・ミーティング。コミュニティ行政官のウガンダ人アイダは、新米なのに良くやっている様子。村人から大変ポピュラーなよう。大いに満足。

着任以来はじめて、先々週やっと

各郡（Sub-district）に一人ずつコミュニティ行政官を配置できるようになった。車両も各郡に一台ずつ配備。これでやっと〝政府〟の態が整った感じ。まだまだ村々のニーズに応えられるとはとても言えないが、少なくともコミュニケーションはとれる体制。政府として何が〝出来ないか〟を伝えることは、今この時期に非常に大切。

二〇〇〇年九月二三日［土］

ルイス准将が最後に議長を務めるインドネシア軍との戦略円卓会議（TCWG）。西チモールでのUNHCR職員三人の殺害の後ずっとお流れになっていた。場所は、西チモール側国境ラクトトス（Laktotos）。スアイからヘリで立つ前に円陣を組んで非常時の心得などを准将を中心に確認。俺の他は全て制服組。完全武装。総勢一七名で一機のPumaヘリで、ラクトトス、インドネシア軍ベースに午前一〇時半着陸。あの殺害事件の直後ということで、みな少し緊張している。ヘリが着陸するときに民兵に攻撃されたら、はたしてインドネシア軍はちゃんと迎撃してくれるだろうか。出迎えのインドネシア軍、いやに愛想が良い。インドネシア軍、開口一番、例の殺害事件後、インドネシア政府が大変シリアスに西チモールの治安維持に乗り出したと。

さらにインドネシア軍。西チモールで既に噂として流れている、国連軍が東チモール民族解放戦線（Falintil）を武装させ併合派民兵制圧に参加させる計画に懸念を表明。Falintil対インドネシア軍の全面戦争への懸念だ。〝過去〟はそうであったが、現在ではインドネシア軍としてはFalintilを敵として見なしていない。このメッセージをFalintilに伝えて欲しいと、しおらしいことを言う。

国連としては、Falintil は当初から自己防衛目的で武装させている。これは同じく武装している国連文民警察と同じ哲学。今のところ併合派民兵制圧の目的においては、Falintil にはアドバイザー的な役割しか与えていない。国連軍西部司令部では当初三人だった Falintil 将校（俺が議長を務める県政評議会に参加している）を八人へ増強したのみ。Falintil の〝前線〟への配備は今までもこれからも考えていない。全面戦争への懸念はこちらも同じだからだ。

Falintil の将来については、英国のキングス・カレッジがコンサルタントチームを派遣し、俺もインタビューされた。でも Falintil を国防軍にするべく誰がコストを持つかはクリアではない。カナダ、オーストラリアが二国間援助として、継続的援助の可能性を示唆しているが、どちらにしろ国防軍は自己防衛のみ。当面（二～三年）はボーダーの警備は、国連軍が残留して行うというのが一般的理解。

さらにインドネシア軍。この九月中に既に三件起こった、東チモール人〝武装〟グループの西チモール侵入について触れる（ここのＣＮＲＴのねちっこさを考えると、やっててもおかしくない）。インドネシア軍にとっては、国連軍が併合派民兵を攻撃するのと同じように、この手の輩を扱うという警告。しかし、その三件全て、インドネシア軍から国連軍に連絡があったのは、一二～一四時間後。これじゃ何も対処できないと国連軍が反論。平行線。とにかく両軍、むやみな射殺を防ぐためにＲＯＥ（Rules of Engagement：交戦の際の行動規準）を固守するように確認。

ここで、インドネシア軍がショッキングなことを。国境を北から南まで九ヶ所に、永久的に軍監視ポストを築くことを決定したと言う。現在両軍がトーチカを築いている通称ＪＰ（Junction Points：国境通過地点）はあくまで暫定的な扱いだった。永久的となると話は別。あくまで非武装の、両国が銃を突き付け合わない、〝Soft Border（柔軟な国境）〟を最終的な目的にしてこの円卓会議をこなしてきた我々、特にルイス准将にとっては大打撃。准将の顔が歪む。彼にとって最後の円卓会議だというのに。何ということだ。

ルイス准将、食い下がる。九ヶ所の内、北と南側二ヶ所の海岸線幹線道路沿いのそれに関しては、Soft Borderにすることを何とか同意させる。この二ヶ所は既に交易ルートとして税関を設置する作業が進められている。他の七ヶ所は山間部にある。

インドネシア軍、西チモール併合派民兵の武装解除に向かう自らの努力を強調。自発的武器の放棄と強制捜査の二段構えで行くとのこと。明日、副大統領メガワティが来て、最初の五〇〇丁の武器の引渡し式があるとのこと。しかし、自家製や槍、刀の類ではしょうがない。自動小銃など近代兵器の武装解除でなければ意味がない。この辺を突くと、インドネシア軍何も返答できず。

最後に、UNHCR職員三人が殺害された状況をインドネシア軍が弁明。あの当日、ベトゥン（Betun）という町からあのアタンブア（Atambua）へ併合派民兵の一群が移動中との情報を得、すぐにUNHCRアタンブア事務所に連絡したとのこと。ベトゥンからの移動中になぜその一群を拘束しなかったのか？　併合派民兵の移動はいたって〝平和的〟で、一般人の通行と全く同じで、拘束する理由を作れなかったこと。群集（数千人とのこと）がUNHCRアタンブア事務所を取り巻いた時には、アタンブアにはインドネシア軍一個小隊しか配置されておらず、何も手出しが出来なかったこと。しかし、すぐに三小隊を派遣。殺害を免れた他の職員の保護に当たったとのこと。

円卓会議は、〝法廷〟ではない。CBM（Confidence Building Measure：信頼醸成）の場である。よって我々もこのインドネシア軍の〝言い訳〟にこれ以上食い下がれなかった。怒るのは容易い。Sleeping with Enemy. ちゃ

●ヘリを降り、インドネシア軍基地へ向かう。

ちな正義感では、やって行けない。

二〇〇〇年九月二五日［月］

日本に発つ前日。出発前の雑用。

国連安保理で国連文民警察強化が決定。国内各一三県の全郡（Sub-district）に警察分署を作れとのこと（我県には七郡ある）。これはもちろん、治安維持を軍から文民統治へ移行する意思が明確に現れているポリシー。歓迎。

警察署建設の件は、UNTAETのいわゆる二つの財布、国連経費予算（UNTAET国連組織の運営費）と開発予算（東チモール国造りへのインフラ的な投資）の間で責任の所在を巡ってたらい回しの状態だった。この安保理の決定で、国連経費予算からの出費が決まったので、ひとまず先が見えた感

●今日から日本へ短期休暇。スアイからディリまで、いつものように Caribou 機で。

じ。大いに結構。

スタッフ会議三時間。俺の留守中の課題設定。「この留守を利用して、独裁者の俺の前で普段萎縮して提案できなかった改善案をどんどん実施しろ」とハッパをかける。

21 東チモール人副知事任命！

二〇〇〇年一〇月一八日〔水〕

二週間半の日本での休暇からスアイ着。

俺の留守中に、予定通りチモール人副知事が着任。呼び名はアリピオ。今日対面。中々物静かな紳士。スアイ出身の教師。もちろんCNRTの推薦で候補者となった。年とって見えるけど俺より若い四一歳。能力のほどはまだ分からないが、コミュニケーションは良く取れそうだ。誠実そうだ。英語も少々できる。

午後、CNRTディリ本部幹部二人の来訪。先先月末に開催されたCNRT全国大会の決定事項を各県の郡レベルに伝える使命を帯びてのスアイ入り。一時間ほど雑談。こんなフランクな会話を国連県知事としたのは初めてだと感謝される。お世辞か。

俺の留守中の県知事代理、ガンビア人政務担当民政官オマールはよくやってくれた模様。彼が責任を持って作成してくれていた三週間分の週間報告書を読む。先々週にスアイ中心から北四キロで起きた併合派民兵一人の射殺（我が県初！ ニュージーランド大隊、やっと面目躍如）を、「運良くたまたま遭遇した」と記述。当のニュージーランド大隊から文句が出て、捜索作戦の下、執拗な追跡の後射殺、というふうに翌週再掲載。笑える。

この射殺された奴も含めて、ネパール兵を射殺した一味がまだ県内に残留していて、西チモールへの帰路を試みている模様。これからまた騒がしくなりそうだ。

「東チモール業界」ではカリスマ的ジャーナリスト、マックス・スタールのインタビューを再度受ける。前回は、英語圏報道の影響力を鑑み、立場上ビデオ収録を断った。今回は、今から六ヶ月くらい先の発表を予定したドキュメンタリーだと言うので、一時間ぐらいのビデオインタビューに応じる。対インドネシア関係に重点。Sleeping with enemy の必要性を強調。六ヶ月先ならまあいいか。

二〇〇〇年一〇月一九日［木］

二人のディリ本部、東チモール人閣僚（Cabinet Member）のスアイ訪問予定に振りまわされる。変更に変更。この東チモール人のリーダー達は、数時間前の変更でも現場は対応してくれると思っているらしい。切れそうになる。ＣＮＲＴディリ本部の幹部達は、現場の同志に対してこういう対応をしていたのかと思うと、地方でＣＮＲＴの求心力が急速に失われている昨今の理由が良く分かる。でも、せっかく選ばれた東チモール閣僚達。これもキャパシティ・ビルディングの一環と、切れるのを我慢する。

でも、今日予定されていた訪問を、昨日の夜にキャンセルし明日への変更を要請してきたアナ・ペソア

（内務省の閣僚、県知事の俺たちを管轄する省！）へは、とても対応できんと計画の仕切り直しをつよーく打診。納得してくれた模様。もう一人、公共事業担当閣僚は明日予定通りにスアイ訪問。

チモール人副知事のアリピオとの責任分担の計画をオマールと考え始める。アリピオが俺に次ぐナンバー2になるわけだが、まず手始めに公務員人事管理部、教育部、公共医療を始め幾つかの部署をアリピオに管轄させることを提案。つまり、これらの部署を統括する国連国際職員がアリピオを上司として仰ぐわけだ。オマールの反応は複雑。やはり、国際職員がぽっと出の東チモール人に直接管理されることの抵抗を懸念しているらしい。良く分かるが、時間がない。「国際職員の人事評価は、国際職員の頭である俺がやる。しかし、その評価の基準はいかに東チモール人上司に〝仕えたか〟を見る」。これを今まで、「チモール化」と称してスタッフに言い続けて来たが、所詮は評価する側（トップの俺）のたわ言。評価される側の心理に気をつけて実行して行かなければならない。

二〇〇〇年一〇月二〇日［金］

朝から公務員教師の県大会に望む。集まった県内教師三〇〇人とやりあう。脆弱な国家歳入の見通しから公務員削減のために行った教師一斉テストにおける縁故主義が焦点。県CNRTが裏で煽っているらしい。マークシート方式で行われたこのテスト。本来なら縁故主義の入る余地などないはずだが、どうも機密を理由に採点結果を公表せず、県教育委員会に教師に個別の合格・不合格の打診をさせた経緯から、若干の〝操作〟があったと判断せざるを得ない状況になってしまった。他の県でも同様の問題が起っている。本県でこの疑惑の煙が上がってからもう数ヶ月経つ。今が本格調査をする時期と判断。俺の責任で独立し

●スアイ教会平和と和解センターでの全公務員教師との会議。

た調査チームを結成すると宣言する。明日に控えた県政評議会で調査チームの発足を正式決定する、ということで取り敢えずこの場を納める。教育委員会の長老に明日の評議会に出席するよう指示。

午後はインフラ開発省の閣僚カラスカラオ氏が特別機でスアイ入り。母親がポルトガル人という初老の紳士。ほとんどインド人の風貌。とてもチモール人には見えない。スアイ発電所の視察など二時間もてなす。会議での冒頭の挨拶で同氏、UNTAETの〝余裕を持った〟撤退を望むと発言。一同顔を見合わす。チモール人同士の天下取り争いよりも、既得利権のない部外者による統治を望む「被植民症候群」が現れてきたか。

●左からインフラ開発省閣僚カラスカラオ氏と東チモール人副知事アリピオ、スアイ発電所にて。

夕方、勤務時間後、オマールと雑談中、ショッキングなことが判明。俺の休暇中に、タンザニア人会計スタッフのウィルバルドが、県教育委員会に任せていた公務員教師の給料支払いに不正を発見、県知事代理を勤めていたオマール自身に報告書を提出した、と。早くそれを言わんかい、アホ。

完全に封印された封筒に入れて手渡される筈の給与が、何者かによって開封されて天引き後、封筒なしで手渡されていた模様。現場の教師たちは、今の今まで、個人名と金額がコンピューター印字されたＵＮＴＡＥＴ暫定政府の給与封筒の存在を知らなかったと。

即座にウィルバルドと教育事業担当民政官フィリッペを無線で呼び出す。県教育委員会の責任で回収された個人個人の領収書のサインを月毎に見比べると、偽造サインが幾つも見つかる。子供達に手本を示さなければならない教師たちを指導する立場にある県教育委員会。これで、これらチモール人幹部たちによる不正の証拠が明らかになってしまった。こうなったら手立ては一つしかない。即座に国連文民警察署長を無線で呼び出し、警察の犯罪調査として行動開始を指示する。残念だ。まったく。まだ独立もしていないのに、too early to corrupt…（腐敗するにはまだ早すぎる）。

こうなると、ＵＮＴＡＥＴ国際職員であるフィリッペの立場も微妙になる。彼と県教育委員会との癒着を示唆する噂を、県ＣＮＲＴが既に流していたからだ。接触を当分謹慎するよう命令する。

二〇〇〇年一〇月二一日［土］

午前八時から、俺の休暇の直前に任期を終えた国連軍西部司令官ルイス准将に代わり着任した、ギレスピー准将と懇談。さすが情報将校たちのブリーフィングが良いのか、状況の飲み込みが早い。ナミビアでのＰＫＯ経験者。その時は中佐として工作大隊を指揮したという。

例の七月と八月の国連軍兵士二人の銃撃戦による死亡を契機にして、東チモール人リーダーたち全般に変化が生じたことに話題が集中。それまでは「国連出て行け」の大合唱だったのが、併合派民兵の脅威を再認識し、国連が出ていった後、国を自前で賄う現実を直視した模様。はっきり言って怖気づいたのだ。

これは、昨日スアイ入りした東チモール人閣僚カラスカラオの「被植民症候群」にも呼応する。東チモール人が直面しなければならない治安問題は、併合派民兵だけではない。ＣＮＲＴの求心力の弱体化に伴い当然予想される内部政治闘争。特に来年の選挙に向かう政党活動解禁で予想される内部抗争。しかし、部外者に支配され続けることによって得られる〝安堵〟。攻撃するべき相手が、我々国連だけ、という〝安堵〟。アホらしい。

午前一〇時から県政評議会。昨日判明した教師給与支払いにおける不正を報告する。県教育委員会の長老の顔が歪む。国連文民警察による犯罪調査に並行して、教師一斉テストにおける縁故主義を含めた不正を調査するチームの結成を正式決議。チモール人副知事アリピオを含め、県CNRT代表等四人、そして現場の教師代表三人によるチームを結成。アリピオは今年五月までこの県教育委員会の幹部として在籍の経験あり。内部政治闘争で追われ、CNRTディリ本部に籍を移したという経歴の持ち主。面白くなりそう。

二〇〇〇年一〇月二二日［日］

日曜だというのに朝からカナダ政府代表団五名がスアイ入り。カナダ政府ディリ連絡事務所一等書記官に先導されて特別機で到着。DAの俺と意見交換するため。西チモール・インドネシアとの国境問題（Sleeping with enemy. でも、この〝技術〟をどうやって東チモール人に教え込むか！）、〝Soft Border（柔軟な国境）〟の重要性（でも可能性は急速に薄くなってきた！）、Falintil による将来の国防軍の組織（誰がそのコストを持つのか！）、来年の総選挙と西チモール残留難民（依然全人口の一〇％を占める。西チモールの治安状況とインドネシア政府による併合派民兵武装解除の遅さを鑑みると、残留難民の民主化プロセスへの参加の可能性はゼロ！）、独立国家としての経済的発展の可能性（どう転んでもこの国がアフリカ並に飢える心配は皆無だが、チモール海峡（Timor Gap）の原油で当てない限り、いわゆる通常の発展途上国になるだろう……）。こんなことをざっくばらんに話す。なかなか素直な官僚たちだった。

二〇〇〇年一〇月二三日［月］

今日から、チモール人副知事アリピオと毎朝一五分の小会議を始める。とにかくコミュニケーションが大事。公務員人事、教育、医療保健の三部門を任せることを提案したら、インフラ部門もやりたいとのこと。この意気込み、大いに結構。

インドネシア軍との戦略円卓会議（TCWG）。八時半にスアイ飛行場に集合。ギレスピー准将下、国連軍西部司令部の情報将校三人、ニュージーランド大隊隊長、国連軍事監視団隊長、文民警察署長と俺で、一機のヘリに乗り込む。九時、北側国境の町バトゥガデ（Batugade）に着陸。飛び地オクシ県からのヨルダン大隊隊長等と合流。オーストラリア隊基地で待機。国境の向こうの町モタイン（Mota-ain）のインドネシア軍基地から応答を待つ。

この間ギレスピー准将から説明。モタイン付近は併合派民兵がよく不法に道路封鎖をしていた所だ。今回円卓会議のために国境を超える国連要員は、あらかじめ国連ニューヨーク本部の承認を得て、何かあったら生命保険などでトラブルがないよう配慮したとのこと。国連要員は、ミッション・エリア内での事故のみ保険が適用されるというケチな仕組みのためだ。UNTAETのミッション・エリアはもちろん東チモール内だけ。じゃあ、今まで同じ目的で何回も国境を超えていたが、あれは一体何だったんだ？　ギレスピー准将は前任者ルイスに比べ、こういう事務的な細部に気を遣う性格らしい。大いに結構。

東チモール側国境で待つこと三〇分。やっとインドネシア軍からゴーサイン。インドネシア領まで、完

●北側ボーダー、バトゥガデから西チモールを望む。

全武装の装甲車で前後を固めて兵士輸送用トラックで移動。

円卓会議の内容。いつものインドネシア軍大隊隊長等の他に新顔がいる。インドネシア政府外務省の官僚が二人出席。同政府一六の関係省庁が参加して、西チモール内の東チモール残留難民の処置を促進するタスク・フォースが設置されたとのこと。まず、東チモールに帰りたいか、それともインドネシアに残留したいかを問う「登録」をインドネシア政府の責任においてするとのこと。大いに結構。時期は？と問うと、うやむや。この一人はまだ四〇代と見える油の乗り切った外交官。休憩中立ち話で「これでやっとインドネシア政府も重い腰を上げたね」と突っ込むと、「いや、ずっと前から上げている

●西チモール、モタインにて円卓会議。

んですよ」と切り返してくる。ガハハと返したが、中々面の皮が厚い。こういうのと遣り合える東チモール人官僚を育てなければならないが……

その他、七月に我が県最初の戦闘の犠牲者となったニュージーランド軍マニング上等兵の件。射殺後奪われた手榴弾ランチャーとライフルの回収作業。インドネシア軍から、未だ明確な答えを得られず。国連軍にとっては面子の問題である。

アタンブアでのUNHCR職員三人の惨殺後、西チモールでの難民帰還作業は凍結されたままだが、全てがストップしたわけではなく、インドネシア軍のエスコートによって細々と行われている。難民キャンプからボーダーまで難民を輸送するため自家用トラックを手配したい。そのための資金援助をしてくれないかと

●西チモール、モタインのインドネシア軍基地から東チモールを臨む。

インドネシア軍。何をか言わんやだが、とにかく今はこれしか方法がないので前向きに考えるしかないのが我々。コケにされていると言えなくもないが。

夜は、我が事務所の東チモール人運転手の結婚式。驚くほど盛大。復興の証かな、とちょっと感傷的になる。

二〇〇〇年一〇月二四日［火］

スタッフ会議。チモール人副知事のアリピオを交えての初の会議。公務員雇用管理、教育、保険医療、インフラ部門を彼が統括することを正式承認。それぞれ担当している国際スタッフの直属の上司になるわけだ。「このミッションはこれから佳境に入る（つまりチモール化の）」を宣言。国際スタッフの顔に少し動揺が見えたが。これからアリピ

●UNTAET 現地職員の結婚式。

オやそのうち配属されるであろうチモール人県知事と国際スタッフの間を調整することが俺の第一の役割となる。

22 ROE（Rules Of Engagement）［交戦規則］

二〇〇〇年一〇月二五日［水］

昨日夜八時ごろ、スアイ北数キロの所でまた武装併合派民兵を一人射殺。ニュージーランド隊の手柄。三人組の一人で残りの二人を依然追跡中。隣県アイナロとの境カサ（Casa）に潜伏していた一味が、これから始まる雨季と補給が尽きてきたことで西に逃げ帰ろうとしているため。逃げ回っている一味はかなり憔悴している模様。

国連軍は、参加国に共通の国連ＲＯＥ（交戦の際の行動基準）によって行動を規制されている。ただ、この共通ＲＯＥは、「自己防衛のためにだけ発砲が許される」などの一般的なガイドラインであり、より細かい規定は、各国独自のＲＯＥに任されている。例えば、空に向けての威嚇射撃ができるか否かは、その国によって異なる。ニュージーランド軍は威嚇射撃を認めていない。銃を撃つということにおいては、攻撃のための発砲と同じと見なすからである。

　何をもって自己防衛しなければならない状況と判断するかの基準も一様ではない。我がニュージーランド軍は、自己防衛を理由とする発砲の判断は個々の歩兵に委ねている。しかし、自己防衛の必要性の判断は、やはり個人差の問題が出てくる。ガイドライン的な国連ＲＯＥに加えて各国の軍は独自のＲＯＥを持っているが、我が県のニュージーランド大隊を中心とする国連軍には、当初、自己防衛の際の発砲には、少なくとも口頭による警告が必要というＲＯＥがあった。

　しかし、マニング上等兵の死亡事件後はこれがなくなり、戦闘状態の敵を目撃した際には即発砲できる、という内容に変更された。戦闘状態とは、ライフルもしくは自動小銃を上体に構えて行動している状態もそれと見なすので、結果として、山間部での戦闘では、見つけ次第発砲ということになってしまう。マニング上等兵の惨殺事件に対する感情が、このＲＯＥの変更に影響したことは疑いない。この変更で、現場の兵士の間に「復讐戦」のムードが漂いだしたのも事実だ。国連軍攻撃歩兵大隊は六ヶ月交替が原則。我がニュージーランド大隊は来月交替する。この復讐心をコントロールするためにも大隊交替は必須とも言える。

　逃亡生活で疲労困憊している一味を射殺する必要があったのか、という疑問はやはり残る。しかし、「インドネシア憎し、併合派民兵憎し」の東チモール世論の中で、ＵＮＴＡＥＴも含め、併合派民兵の人権問題を議論できる空気はないといっていい。しかも武装グループを生きて捕えられたかどうかの検証は、ジャングル戦では不可能である。

二〇〇〇年一〇月二八日［土］

木、金とディリで県知事会議。今朝、国連機でスアイに帰る。

県知事会議は、新任の東チモール人の県知事、副知事が加わり、ポルトガル語の逐次通訳で進行。時間が二倍かかるが、英語で余計な無駄話がなくなるためかえって良い。

結構うれしいのは、俺を含めて国連の県知事たち全員が、自分たちが使用している国連の施設・設備が、同じようにこれら東チモール人同僚に使用できるよう必死に頭をひねっていることだ。例えば、国連車両は国連職員しか運転できない。東チモール人県知事たちは国連職員ではなく東チモール暫定政府公務員だ。よって彼等は国連車両を運転できない。国連職員なら一介のスタッフでも国連車両を自家用車のように運転できるが、上司であるはずの東チモール県知事は規則上それができない。これでどうやって彼等の権威付けができるのか。

これら東チモール人県知事が上司となる国連国際職員の業務評価の問題もそうだ。国連職員の業務評価は、国連職員である上司によって行わなければならない。業務評価をする権威がない東チモール人上司は、どうやって〝上司〟になれば良いのか。

まあ、こういう国連の規則の中で、現場の俺達は〝良心的操作〟をどんどんやる。俺に関して言えば、副知事のアリピオには、国連現地職員の運転手付きで国連車両を一台あてがう。彼が管轄する国連国際職員の業務評価も、最終的には俺が承認するが、評価自体はアリピオが記載するという内部規定を作る。こういう内部規定の実施に〝本部〟の承認はいらない。余計なことは知らせないということ。〝本部〟は、いつでもアホなのだ。

二〇〇〇年一〇月三〇日［月］

女性職員の一人、英国系南アフリカ人Sが、セクハラされたとかなり深刻な顔で来る。先週のちょっとしたパーティーの席で、ヨルダン人文民警察官の一人が記念写真にかこつけて彼女の胸を触ったらしい。彼女が怒ったのでちょっとした騒ぎになり、かのヨルダン人は平謝りに謝ったらしい。またか、と思いつつ膝を突き合わせて聞いてみると出るわ、出るわ。かわいい容姿が災いして、他五人の国際職員、それと出入りのパキスタン工作大隊将校などから、「綺麗だ」「好きだ」「〝もしよかったら〟セックスしたい」こんな言葉を頻繁にかけられ続けたらしい。昨日思い詰めた挙げ句、UNTAETディリ本部人事部のスタッフ・カウンセリングに電話で相談した、という経緯。

なぜ今まで俺に相談に来なかったのか、と聞くと、ボーイフレンドが知ってしまうからと言う。彼女には同棲中の同じ国際職員（ネパール人）のPがいる。俺に報告してセクハラした連中の処分に向けて事が動き出すと、どうしてもこのボーイフレンドに知れてしまう。そうしたら怒って何をするか分からない。このチームワークに亀裂が入ってしまうからと言う。

それを恐れていたら何も改善しないから、少なくともこのヨルダン人のケースは直属の上司である文民警察署長と俺がまず相談して対策を決めることを納得させる。

新任の文民警察署長はスリランカ人。偏見を持つわけではないが、この辺のデリケートさが理解できると良いが。

二〇〇〇年一〇月三一日［火］

教師一斉テストに絡む不正調査チームの結成をディリに報告して以来、連日のように Inspector General（検察庁長官とでも訳すか）から電話がかかってくる。この問題は我が県だけでなく東チモール全県で起きている問題。Cabinet（閣議とでも訳すか）の決議で Inspector General による調査が始まっている。県レベルで調査に乗り出したのは、我が県が初めてらしい。副知事アリピオは勢力的に調査をコーディネートしている模様。大いに結構。

午前中、国連軍本部最高副司令官スミス少将（オーストラリア人）が特別機でスアイ入り。一時間ほど懇談。我が県のような国境県の〝チモール化〟に焦点。いつインドネシア軍、国連軍両軍の戦略円卓会議（TCWG）に東チモール人を連れて行けるか。TCWGは、元々インドネシア軍と国連軍の戦略調整が目的。インドネシアと東チモールを結ぶ接点がこれしかなかった経緯で、その他の民事（難民帰還、警察間の協力など）も扱うようになって来た。これを軍主導でなく、文民政府主導の対インドネシア交渉の場に昇華させる議論は今年五月以来続いている。形だけだが、東チモール・インドネシア国境管理委員会（Joint Border Committee）の設立の覚書がインドネシア政府と調印されたのが数ヶ月前。それ以来、ディリ・レベルでの進展はなし。残念ながら国連文民政府の国境問題に対するセンスの悪さ。官僚主義。スミス少将も同じ気持ち。情けない。本来なら、今ごろは、TCWGが本来の軍レベルでの円卓会議に形を戻し、文民政府主導の国境管理委員会の傘下の一小委員会になるはずだった。そうすれば、当分の間TCWGは国連軍だけ（インドネシア軍の手前、東チモール人は加えず）に任せ、他の対インドネシアの民事はインドネシアの文民政府と東チモール人知事達との交流に委ねるという「国境問題対策のチモール化」のシナリオが書けたはずだった。本当に組織というのは思った通りに動かんなー。

23 文民統治を思い知れ

二〇〇〇年一一月二日［木］

国連指定の休日。でも朝から緊急脱出プラン会議。国連指定危険度の見直し。現在のフェーズ２（Restricted Movement：活動区域内の行動の制限、域外脱出の準備）は、九月の始め、我々現場の相談なく国連本部が通達したもの。これによって、我が県で活動するＮＧＯが浮き足立ってしまった。生命保険など責任問題があって国連上層部として判断を下さなければならないのはわかるが、危険度の宣言は現場と相談して決めるべき、っと、こういう提案を、国連事務次長のイクバル・リザ氏が九月にスアイ訪問した時ツヨーク行なった。それが功を奏したか知らないが、これからは、まず現場が危険度を提案するとのこと。大いに結構。

元ダイアナ妃ボディーガード国連武官のトレバーに宿題を出しておいた、過去一ヶ月の併合派民兵活動の総括から始める。我が県で国連軍兵士を殺した併合派民兵に当時の元気はもうなく、ヨレヨレになりながらそれでも必死に西チモールへ逃げようとしているのが現状。でも、窮鼠猫を噛むの喩えの如く、非武装の民間に対する脅威を鑑み、現状のフェーズ2を少なくともあと一ヶ月は維持することに合意。俺にとっては、一〇年前に生活したシエラレオーネに比べれば全く平穏そのもの、ニューヨークより安全。しかしフェーズ2の維持によって、援助の滞りが気がかり（現に先週、国際協力事業団（JICA）の調査団のスアイ入りが取りやめになった）。よってフェーズ1へ戻ることを提案。この俺の意見に強く賛成したのは、国連軍事監視団隊長だけ。俺がこのチームの議長だから、押し切ろうと思えばできるのだが、何せ人命がかかる問題。意見が割れた場合は常に慎重派に合わす。これがクライシスマネジメントの鉄則。一ヶ月後にまた見直すことを条件に折れる。

二〇〇〇年一一月三日［金］

どうしてこう後から後からくだらない問題が起こるのか。

我がUNTAET県行政府事務所が現在の冷房完備のプレハブに移るまで、ずっとお世話になった学校の校舎。壁だけ焼け残ったものに屋根をかけ、ドアをはめ、窓をはめ、配電・給水設備を施し使っていた。移転後は、UNTAETが投資した資材は取り外さず、この学校が再開するのを待ってそのままの形で県教育委員会に引き渡すはずだった。それまでの間、資材の盗難を防ぐためにガードマンを雇っていた。子供達のものである学校を我々外国人が使っていたことに対する感謝の気持ちを示すはずだった。

しかし、何を血迷ったか、よりによって我が国連文民警察官が、無断でこの学校からドアを外し、配線コードをひっぺがし、自分達の住居建設に使ったことが判明。新任のスウェーデン婦人警官を含む警官二人組の仕業。怒りを通り越して虚脱感に襲われる。早速、署長（スリランカ人）ロハンを呼び出す。資材の返却は当然。懲戒処分の正規手続きのために、国連武官の手に委ねるかどうかの判断を直属の上司として自分で下すように命じる。例の公務員教師給料の汚職の件で県教育委員会に圧力をかけている最中なのに、このザマはなんだ！

俺の赴任当時、我が県に配属された国連文民警察官は約二〇人。現在は四五人。最終的には六〇人くらいになる予定。当時のアット・ホームな雰囲気はなくなり、今では新任警官の顔を覚える暇もない。こういう基本的倫理に反するような事態を起さないためにも、スタッフモラルに対して何か手を打たなければ。

二〇〇〇年一一月四日［土］

真夜中午前一時、スアイ教会で火事、との無線連絡。

虐殺のシンボルであるスアイ教会を狙った併合派民兵の攪乱活動か、と直感。飛び起きる。国連武官クレッグが、二四時間体制のはずのパキスタン工作大隊内消防隊を無線で呼んでいるが、なかなか繋がらず。いてもたってもいられず現場急行。夜空が赤く染まっている。火はかなりの勢い。伝統茅葺きの技術を結集した新築の「平和と和解センター」か、と冷や冷やしたが、燃えていたのはそのすぐ隣の教会施設。一〇〇人ほどの住民が既に集まって、大人達の指示で体重の軽い子供達が大勢「平和と和解センター」の茅屋根に登り、葉っぱのついた木の枝を片手に、この大事な建物に燃え移らないよう振りかかる火の粉を払っている。感心。感謝。

三〇分後、けたたましいサイレンの音をたてながらパキスタン隊消防車と給水車が到着。アホ。四五分後鎮火。気の狂った男の放火だという住民の証言。文民警察による捜査は夜が明けてから。

朝九時から県治安委員会（District Security Council）。俺が議長、ニュージーランド大隊隊長ドランスフィールド中佐が副議長を務めてきた毎週の会議。国連軍ニュージーランド大隊交替を今月に控えて、彼にとって最後の会議。

国連軍情報将校から、隣県ボボナロでもCPD‐RDTLの政治活動が始まったと報告。我が県のベコ村で、CNRTとの衝突、流血騒ぎを繰り返している政治政党だ。インドネシア併合派として活動経歴のある人物が露骨に党員リストに名を連ね出したとのこと。この情報将校、「UNTAET暫定政府のスタンスとしては、民主主義の名の元に集会の自由、政治政党結成の自由、云々」と始めたところで、俺、釘を刺す。

政治政党を登録する条例をUNTAET暫定政府はまだ発効していないこと。この条例なしには、どんな政治グループも法的な存在根拠がないこと。存在根拠がないということは、何かことを起こしても検挙する根拠がないこと。〝政治政党〟という社会システムはそれを定義する根拠がまだ何もないこと。その意味でCPD‐RDTLのような〝政治政党〟は今の段階では単なる〝同好会〟にしか過ぎないこと。UNTAET暫定政府の職員として、この地元社会に接するときに、ここをはっきりさせないと余計な敵対心を煽ることになる。そして、我々〝部外者〟が「民主主義」という言葉を無闇に、思慮なしに使うことの危険。なぜなら、この国はまだ「民主主義」を定義していないということ。（つまり、まだ憲法が草稿さえされていないこと）。

さらに、〝政治政党〟間の闘争が治安問題に発展した時、国連軍の出動は、最後の最後の手段であるとい

●ニュージーランド大隊隊長ドランスフィールド中佐と、県治安委員会の終わりに。

うこと。和解・調整作業と治安維持は、まず文民政府と文民警察主導で行われるべきであること。そのために国連軍情報部門(Military Intelligence)は、決して単独行動をしないこと。ここんところを、新任の大隊と隊長にしっかり引き継ぐことをドランスフィールド中佐に指示。彼、顔をこわばらせながらも快諾。かなり効いた模様。

会議の最後に、パキスタン工作大隊に二四時間の無線傍受を徹底するように指示。

午後は、昨日のアホなスウェーデン人文民警察官の盗難事件の後始末。国連武官による懲戒処分への正式手続きよりも（アホ恥ずかしくてやってられない）、当の大バカ野郎たち（内一人は婦人警官だが）に盗んだ資材を返還させ、教師たちに謝罪して丸く治めるという方向に決まり。

一六の違う国籍からなる四五人の文民警察官の統括の難しさは理解できるが、署長のロハン（スリランカ人）、白人の部下になかなか命令を下せない、と情けないことを言う。明らかにリーダーシップの欠如。今日はこれを彼にはっきり指摘する。彼、シュンとする。

二〇〇〇年一一月六日［月］

インドネシア軍との信頼醸成円卓会議（TCWG）。飛び地のオクシ県にて。いつもの面々で一機のヘリで。西チモール領内は飛べないのでいったん海上に出て、西へ島と平行飛行。

国連軍ヨルダン隊基地着陸。

七月の犠牲者ニュージーランド軍マニング上等兵から併合派民兵によって略奪されていた武器。インドネシア軍、やっと回収し、返還したいと言う。それも、北側国境（東チモール領）バトゥガデ（Batugade）で返還式をやりたいと言う。つまり、インドネシアのコミットメントを国際社会に対して誇示したいというのが見え見え。国連軍、しっかりと反対。武器返還は、インドネシア軍大隊隊長等幹部がスアイのニュージーランド大隊基地に訪問、部隊内だけで行う。インドネシア軍、渋々納得。

国連による保護と引き換えに、インドネシア軍との関与を全て告白するという手紙を国連事務総長宛てに書いた四人の併合派民兵幹部たち。現在、西チモールに潜伏中。裏切り者として他の併合派民兵グループから狙われているので保護する必要がある、とインドネシア軍。保護したら国連軍に引き渡す、と聞か

●ディリからスアイへ車で移動。今年５月の大雨で破壊された県境の橋。

れもしないのにわざわざこれを話題にする。「殺るつもりだな」と直感する。

二〇〇〇年一一月七日［火］

朝からＣＮＲＴ県トップのアルバーロ氏と会議。ＷＦＰ（世界食糧機構）が日雇い人夫たちと起こした労働争議について。またか。明日からジャカルタで会議なので、スアイ帰省後の来週、仲裁会議を開くことでまずおさめる。午後の国連機でディリへ。日本政府外務省主催「東チモール援助戦略会議」に出席するためジャカルタへ向かう。

二〇〇〇年一一月一一日［土］

ジャカルタからディリ着。ディリ空港に着いたら、スアイ行きの特別便があるということなので飛び乗る。一日得したとうきうきしていたら、ボボナロ県上空にさしかかったところで濃い雨雲に行く手を阻まれ、ディリに引き返す。しょうがないから、一泊。車を送るよう、俺の留守中の知事代理オマールに電話。

24 安保理議長来る　国際メディアにデビュー

二〇〇〇年一一月一二日〔日〕

朝七時に車でディリ発。午後一時にスアイ着。明日に控えた国連安全保障理事会使節団のスアイ入り準備のため、スタッフ全員が勤務している。大いに結構。

午後五時から国連軍、国連軍事監視団、国連文民警察、ＵＮＨＣＲを交えて最終準備会議。人権担当民政官スーを参加させ、最近問題になっている、重罪人併合派民兵の釈放の件を明日の安保理の一行に投げるか否かを議論。今年の一月に数件の殺人とレイプに関与したと自白してスアイで拘束、ディリに送還されるも裁判にかけられることなく今日まで過ぎ、つい二週間前に証拠不充分で釈放された併合派民兵の件だ。詰まるところ、司法システムの不備と人材、拘留施設不足が原因。スアイではもう民衆の間では知れ渡り社会不信を招いており、それが転じて治安問題を招く一因となりかねない状況。重罪人に社会的制裁をくわえられない社会（つまりＵＮＴＡＥＴ暫定政府）に、寛容だの、和解だのお題目を民衆に強制する根拠はない。つまり、ほとんど「無政府状態」。安保理の一行にこれを投げるのは、国連として、国連軍、国連文民警察の増強と同じレベルでさらなる国際社会のコミットメントを司法システム整備に促す可能性あり。これが俺とスーの意見。国連文民警察署長のロハンは、予想した通り、ディリ本部の反応を恐れて躊躇。法と秩序を司る国連文民警察がこれを投げかけるのが理想だったが、事なかれ主義の彼にはちょっと荷が重い。結局、俺がオープニング挨拶の中で触れることに。明日は忙しくなりそうだ。

二〇〇〇年一一月一三日［月］

国連安全保障理事会議長アンジャバ大使（ナミビア）以下、七人の理事大使、国連ニューヨーク本部職員、ジャーナリストの一群総勢五六人が、三機の国連ヘリでスアイ入り。国連軍、国連文民警察総出で警戒体制下、俺がホストで一日のプログラムを組む。天候悪化でヘリが使えなくなった場合スアイ宿泊の緊急プランまで用意する。

昨日、議題に載せるかどうかで内輪で揉めた司法システム不備の件。大使連中の興味を集める。良かった。安保理のコミットメントを引き出せる方向に動いてくれることを望む。

アンジャバ大使は気さくな人物。それに引き換えアメリカ大使の白人のオバさんは始終陰険な態度。側近の女性スタッフを通じて時間の配分に色々文句を言ってくる。最後に、俺、切れる。「仕切るのは俺」と口論になり、険悪なムードに。その後すぐにマレーシア大使が俺の方に寄ってきて、「よー言った。実は道中このアメリカ人に悩まされつづけたんだ」と耳打ち。「だから、こういう特別ミッションには発展途上国

●国連安保理議長アンジャバ大使と。

の大使を多く入れるべきなんだ」と国際問題にまで発展しかねないことを言う。

午後四時にプログラム完了。ヘリポートで見送り。例のアメリカ大使が顔を強張らせて握手してくる。続いてその側近が「許してね」と、なかなか可愛いことを。ヘリが上空見えなくなったところで警備に当たった国連文民警察全員が歓声。握手を求めに来る。皆、ご苦労さん。

着任以来、俺にとって最大の使節団。この一行はこの後、西チモール、ジャカルタでインドネシア政府とやりあう。

二〇〇〇年一一月一四日〔火〕

朝一報が入る。オーストラリアの大手日刊新聞が、昨日の国連安保理使節団スアイ訪問を報道。俺が例の併合派民兵の釈放と司法制度不備を暴露したように伝わっているらしい。早速、広報担当の金髪サッカー小僧マイク（アメリカ人）に命じて、インターネットで検索させる。同時にディリ本部の広報部と連絡、対抗記事の発表の是非を問い合わせる。とにかくインパクトはあった模様。どこからでもかかって来い。

約束しておいたWFP（国際食糧機構）の日雇い労働者達の労働争議調停。当のWFP責任者不在のため、今日はまず労働者達の苦情を聞くことだけに専念。疲れる。

二〇〇〇年一一月一五日〔水〕

安保理使節団訪問時の俺の発言が続々報道されている。

「…UN district administrator Kenji Isezaki told the delegates that the UN needs to work more closely with the East

Timorese population to ensure reconciliation with refugees and a smooth transition to independence next year. Mr Isezaki stressed that the local population, which is demanding justice with reconciliation, should not be allowed to lose faith in the UN administration because of the recent release, due to lack of resources, of militia awaiting trial in Dili. "It is true that we lack resources to maintain the justice system here, so the release of suspects captured in the district has serious consequences. It is just a matter of public trust, " he said. (South China Morning Post 14/11/00)」

「…Kenji Isezaki, the transitional UN administrator of Covalima district, told the delegation that a lack of resources was forcing a miscarriage of justice. "Due to under-resoursing we had to release criminals who had committed heinous crimes without trial, " he said. One was released last month, after 10 months in detention, and two were released last year, he said.（これは報道の間違い。三人とも今年。） "They had confessed their involvement with the murder, even the rape, of the kidnapping of a few individuals. They confessed, " Isezaki told AFP. "We are losing public faith if we're allowing these kinds of cases to be like this, " he said. He said although efforts were being made to establish a judicial system, it was still underdeveloped. "But it cannot be an excuse for us to leave these kinds of cases, " he said. (Agence France-Presse 13/11/00)」

「…The UN district administrator in Suai, Kenji Isezaki, told the delegation lack of funding was jeopardizing investigation in serious crimes in the district. He said several East Timorese who had confessed involvement in rape and murder committed during last year's violence are being set free because of the lack of money for investigations. (Reuters

13/11/00)」

「United Nations police in this shattered town had been forced to free self-confessed rapists and murderers because of a lack of resources to pursue investigation against them, a senior UN official told a visiting Security Council mission yesterday. "We've had to release criminals who've confessed to rape and murder," said Mr Kenji Isezaki, the UN's administrator in charge of Cova Lima district. (まるで俺が釈放したみたい…) The offences were committed in the violence that erupted after last year's vote for independence. Mr Isezaki made the admission to a 21-strong delegation from the UN Security Council on a one-day visit to Suai, scene of some of the worst destruction and violence after the result of the vote for independence was announced on September 4 last year. (Sydney Morning Herald 14/11/00)」

後悔はしていないが、何か、俺だけがこの国連という巨大官僚組織の中で孤軍奮闘しているような感じで嫌だ。メディアの対応、これから気を付けよう。

二〇〇〇年一一月一八日［土］

木、金曜日とディリで県知事会議。今朝、ヘリでスアイ帰省。

事務所到着後すぐ午前九時から、県治安委員会(District Security Council)。隣県ボボナロでのＣＰＤ－ＲＤＴＬ活動活発化の続報。国連軍情報将校より。帰還した元併合派民兵達が、村人を脅して政党キャンペーンに参加させているらしい。再度、国連軍情報部門(Military Intelligence)活動が一人歩きしないよう、釘を指す。政治政党の法的定義も、政党民主主義の定義も済んでいないこの国。親インドネシアの疑いが持たれ

●スアイ初の中華料理店、最初の客となる。

ているCPD‐RDTL。だからといって、これだけが敵視されるのは間違い。気を付けないと我々の諜報活動の動向が、民衆の間に余計な敵愾心を煽る原因となってしまう。CPD‐RDTLの活動員の検挙があるとしたら、それはあくまで治安維持の観点からのみ。反体制、少数派の運動が即〝治安問題〟という信号を大衆に送ってしまったら、この国の民主主義の育成に重大な影を落とす。ここを強調する。

二〇〇〇年一一月二〇日［月］

スアイ初の中華料理店オープン。中国系チモール人二人がオーナー。自家発電機を備えた本格的な、といっても昼間は見るに耐えない体裁だが、商業っけのあるつくり。カラオケまであるとは心憎い。スタッフと大いに盛り上がる。たぶん、電気料金を徴

●一路、アタンブアへ。

収する最初のターゲットになるだろう。
ごめんね。

二〇〇〇年一一月二二日［水］

インドネシア軍との戦略円卓会議（TCWG）於アタンブア（Atambua）、西チモール。朝九時に国連軍軍用ヘリで、ボボナロ県国連軍、バリボ（Balibo）基地に着陸。オーストラリア隊、オクシ県からのヨルダン隊と合流。一機のヘリで、国境の向こうのアタンブアへ。離陸前に、ギレスピー准将を中心に円陣。非常時の指揮命令を確認。UNHCR職員三人の殺害事件の後、初めてのアタンブア訪問となる。

TCWGの議題はあまりパッとしない。領空侵犯の調整や中隊の交替など戦略一般。

●インドネシア軍西チモール国境地域最高司令官インドラ大佐と。

ただインドネシア軍が、安保理使節団スアイ訪問の際に、UNHCR代表ジョアンがした発言に苦言。例の虐殺事件後UNHCRによる西チモールでの難民帰還作業は凍結している。現在の帰還作業は、難民キャンプから国境までの移動をインドネシア軍に頼らざるを得ない状況であるが、ジョアンの発言とは、「その際インドネシア軍が不当に移動料金を難民に課している、という証言が帰還した難民からあった」というもの。俺がホストを勤めたブリーフィング最中の発言で、三〇人近くの報道陣の前だったものだから、翌日から、俺の例の発言と一緒に世界中に報道され、インドネシア軍が悪者に。俺が言い訳をするはめに。やれやれ。

一時にＴＣＷＧ終了。インドネシア軍による昼食会。豪勢。腹いっぱい馳走になる。三時にスアイ帰省。

六時から、明日のＵＮＴＡＥＴ代表デメロ氏訪問の準備。チモール人副知事アリピオを含めスタッフとブリーフィングの内容調整。アリピオを前面に出したプレゼンテーションを予定。

25 国連軍兵士　終わりなきセクハラ疑惑

二〇〇〇年一一月二三日［木］

ＵＮＴＡＥＴ代表デメロ氏、スアイ訪問。出迎えの車の中で開口一番、先週の安保理スアイ訪問の時にぶつけた、司法制度不備の問題とさらなる安保理のコミットメントを、という要請が、正式な報告書に載ったとのこと。現場として出来る最大限のインパクトを与えた模様。ざまーみろ。

デメロ氏とは一時間のブリーフィングと、県政協議会メンバー達との懇談会がもう一時間。

パキスタン兵士による地元女性に対するセクハラ事件がまた二件、国連文民警察に通報さる。また調整作業か。

二〇〇〇年一一月二四日［金］

パキスタン兵セクハラ事件調整。パキスタン工作大隊隊長、国連文民警察署長ロハンと。ディリ本部からは、それぞれの〝本部〟、つまり国連軍、国連文民警察、人権局、ジェンダー局、人事課がエキサイトし、それぞれ別々に事情聴取してくるだろうから、現場として One Voice（一つの声）で対応する必要性を強調。パキスタン工作大隊隊長に、絶対に独自の捜査を行わないよう指示（各大隊には情報部門がある）。現場として協調するといっても、被害者の名前その他は、人権保護の立場から同じ現場の関係者の間であっても、文民警察と俺以外には出さないことを了解させる。

現在、文民警察スアイ分署による被害者からの証言取りの段階。また草むらに引きずり込もうとするたぐいの事件。性交渉はなかった模様。前回と同じく、犯人を特定する証言はなし。やれやれ。

夜一〇時半、人権担当民政官のスーが飛んでくる。昨日のインドネシア軍先導による西チモール難民帰還は約六〇人。我が県の国境を通過。国境を超えたところでまず国連軍によるセキュリティ・チェック。この後、我が文民警察による犯罪者スクリーニング。しかし、子供殺しとレイプで検挙されるべき併合派民兵がこのスクリーニングに引っかからず村に帰還してしまい、リンチになりそうになり逃走中。村人による復讐の犠牲になる恐れ。国連軍と文民警察の提携がうまく行っていない模様。セキュリティエリアへの立ち入りを巡って国境警備の国連軍フィジー隊が国連文民警察に銃を向ける緊張があったとの報告（バカたれが！）。明日も帰還がある予定。早く何とかしなければ。明日、署長のロハンの首を捕まえてスクリーニングの現場の立会いをしなければならない。スーは逃走している併合派民兵のフォローアップ。

●潜水艦・文民警察スアイ一号艇座礁　アホ

二〇〇〇年一一月二五日〔土〕

今日予定されていた難民帰還。朝からインドネシア軍からの連絡を待つ。一一時、国連軍事監視団を通じて連絡あり。帰還作業は中止とのこと。理由は、西チモール国境地域最高司令官インドラ大佐の転任による送別パレード開催のため。昨日のうちに言わんかい。

夜は、例の新築の中華料理店で、パキスタン工作大隊隊長を呼んで夕食。やっと、借りが返せた。

二〇〇〇年一一月二六日〔日〕

けだるい日曜日。一一時半より、新しく到着した国連軍ニュージーランド大隊で、新任隊長以下一〇人の情報将校に初講義。東チモール人副知事アリピオを同伴させる。複雑怪奇な国連の構造について小一時間。〝チモール化〟についても。俺の任期が終わるのはも

●救出作戦失敗　どアホ！

うすぐ。俺の後を引き継ぐのは間違いなくアリピオのような東チモール人。「東チモール人知事の下で仕える軍隊」を民衆に印象付けるのが、この新しい大隊の一番重要な課題だ。これを強調。隊長はしっかり頷いていたが、若い将校たちはアリピオを横目で見ながらポカーンと無表情。まあ、最初はこんなものだろう。

二〇〇〇年一一月二八日［火］

二五年前のこの日、チモール独立革命戦線(Fretilin) がポルトガルから独立を宣言（この九日後、インドネシアが侵攻）。朝から、人々が〝国旗〟として崇める Fretilin 旗の掲揚式。このオリジナルの Fretilin 旗に〝FRETILIN〟と印字されたのが、現在の政治政党としての Fretilin 旗。よって、今日の掲揚式はこの二つの旗を掲揚。掲揚式はＣＮＲＴコバリマ県本部事務所において、千人以上は集まっただろうか。主賓として招か

●Fretilin 旗の掲揚。

れる。九時の始まりに数分遅刻。まさかと思ったが、全員旗に向かって起立したまま、静まり返って、俺の到着を待っていた。何なんだ、この統率力は。恐縮しきって席につく。

俺の二〇分ほど演説は、これからの憲法草案プロセスの大切さ。憲法の草案にＵＮＴＡＥＴの外国人の主導を許すな、等。受ける。

二〇〇〇年一一月二九日〔水〕

今日に予定されていたシャナナ・グスマオのスアイ入りはドタキャンで明日に延期。この訪問は、ＵＮＴＡＥＴ暫定政府が設けた国家評議会（National Council）の議長としてというよりも、ＣＮＲＴのキャンペーンのため。四つの郡にヘリで遊説の予定だった。さぞかし村人達は心待ちに、そしてなけなしの募金をして料理の準備をしていただろう。それを無残に裏切るこういうリーダー。空しい。

ドタキャンの理由は、ディリからのＵＮＴＡＥＴ特別ヘリの故障。しかし、これは明らかに都合の良い嘘。ヘリはいくらでも替えがある。昨日、シャナナが就任したばかりの国家評議会議長を突然辞任したという情報が流れる。本日、それを確認。遂に、ＵＮＴＡＥＴと袂を分かつ決断をしたか。気持ちはわかるが、こういう感情的な行動は、ＵＮＴＡＥＴの寿命を無闇に引き伸ばすだけ。この県のＣＮＲＴリーダーと同じレベル。

明日のシャナナの受け入れだが、東チモール人副知事アリピオに全面的に任せることに決めた。俺の方は、今まで取りたくても取れなかった補給休暇にダーウィンに行くことに決める。ＵＮＴＡＥＴに対して攻撃的になっているこの時期のシャナナに、短気のこの俺が対峙する時、自分の性格から何をしでかすか自信が持てん。よって、雲隠れする。悪しからず、シャナナさん。チモール化の成果をアリピオから感じ取ってください。

二〇〇〇年一二月五日〔火〕

週末をダーウィンで過ごし、今朝ヘリでスアイ帰省。早速、日常業務が始まる。

二〇〇〇年一二月六日〔水〕

朝から、県治安委員会（District Security Council）。新しいニュージーランド大隊隊長を交えての第一回。CPD‐RDTLの他県での活動が活発化。隣県ボボナロで、既にCNRTと衝突。ディリから不穏分子を送りこんでいるらしい。本県での飛び火の可能性を議論。これはそもそも我が県のベコ（Beco）という小さな村から始まった問題。その後の和解作業が効を奏したのか知らないが、我が県は今のところ平穏。CPD‐RDTLの本拠地のベコでは、国連文民警察の派出所を先月オープンしたばかり。敢えてこの場所を選んだ。

県政評議会（District Advisory Council）は、CNRT代表の不参加でお流れ。先週のシャナナの訪問がまだ尾を引いている。バカらしい。

二〇〇〇年一二月七日〔木〕

もう一人のフィリピン人神父ラリーが面会に来る。またもや事件。国境を警備するフィジー中隊の一人の兵士が地元女性と関係。妊娠。数週間前に出産したという。当の兵士は既に国に帰還。参った。ついに出たか。今まで噂にならなかったのが奇跡だ。裏に何かありそう。ラリー神父にはもう少し事実関係を調べるように要請。フィジー中隊を統括するニュージーランド大隊隊長と相談するのは、それからだ。

二〇〇〇年一二月八日［金］

国連指定休日。でもいつものようにスタッフ全員勤務。

CNRT県トップのアルバーロの様子がおかしい。先週のシャナナ・グスマオのスアイ訪問の時も雲隠れ。シャナナはCNRTの総裁だ。県のトップが面会を避けるというのは、この国の〝リーダー信仰〟の風土を考えると、一大事だ。水面下でかなり大掛かりな政治が動いている。県政評議会の今後が思いやられる。

東チモール人副知事アリピオは、ここのところ連日夜一一時近くまで、例の小学校教師の公務員認定に関わる事件の対応に追われている。黙々と働く姿に、今まで超過勤務に難色を示していた他の東チモール人スタッフが従うようになってきた。今日も、UNTAET現地職員の一人がアリピオに寄り添ってコンピューター入力を夜遅くまで手伝っている。

同じ東チモール人職員でも、アリピオのような暫定政府公務員とUNTAET現地職員とでは待遇が違う。公務員の方は、副知事でも月給二〇〇ドル程度。ところが国連職員であるUNTAET現地職員は、運転手でも月給三〇〇ドル以上。しようがないと言えばしようがない。公務員の方は、〝小さな政府〟と貧弱な財政から将来継続的に自前的な国家運営を考えると、なるべく低く押さえるというのが道理。国連現地職員は、国連が出て行けばそれで職を失う。でも、この格差が問題を作らない訳がない。この問題を乗り越えて、黙々と仕事をこなすアリピオは偉い。

この頃、国際スタッフと酒の席でよく話題に上るのは、Why do we（我々）have to "beg" East Timorese to work for their own country?（どうして、東チモールの国家建設のために、東チモール人に働くよう〝乞わねば〟ならないのか？）だ。これは大いなるアイロニー。でも、CNRTのリーダーたち、東チモール人閣僚に声を大にして言いたくなる。何かと言うと言い訳は、UNTAETのチモール化が遅い、という。ふざけんな。〝現地化〟ということにかけては、それが競争のための標語になった国際NGOの世界に比べても、今のUNTAETのチモール化は驚くべきスピードで（つまりかなり雑に）進んでいる。そういう批判を安易にする東チモール人リーダー達、それに太鼓持ちのように同調する海外の市民団体は、経営的な観点でこの国家建設と権限委譲という作業を見ていないだけ。

26 非武装国家の夢はどこへ

二〇〇〇年一二月一〇日〔日〕

昨日から朝日新聞論説委員脇坂紀行氏スアイ滞在。彼とのやりとりの中で思い巡らせたこと。

東チモールに国防軍をつくる必要があるか。国防が必要なのは「外からの脅威」があるからだが、「脅威」とは誰か。併合派民兵問題の元凶であるインドネシア軍か。インドネシア軍を手放しで信じてはいけないが、この国の〃隣人〃として治安維持の〃責任分担〃を引き出す状況づくりを、国連そして国際社会はして行かなければならない。要は、西チモールに在留する併合派民兵の武装解除が問題なのだ。

翻って東チモール国内はというと、民衆は未だ「戦闘崇拝」。シャナナ・グスマオみたいなリーダーの質を見る限り、軍を制覇するリーダーの独裁を許す風土があり、軍事国家になってしまう可能性の方が怖い。日本は平和憲法の精神に則り、国防軍をつくるなら援助を止める、ぐらいのことを言えんのか。繰り返すが、西チモールの併合派民兵の武装解除が完了すれば、国防軍の必要性はなくなるのだ。日本はどうして、非武装国家という理想の主張と、インドネシアへの二国間援助として西チモールの武装解除に金を出すという、柔軟な発想ができんのか。

二〇〇〇年一二月一一日［月］

脇坂氏の国連軍ツアー。西部司令部では、軍事ブリーフィング。ギレスピー准将に代わってからの新しい司令部スタッフなので、過去の併合派民兵との戦闘の解説がやはり心もとない。併合派民兵の射殺については、Rules Of Engagement（ＲＯＥ）の話になると、緊張気味。つまり、オーストラリアもニュージーランドも国連のガイドライン的なＲＯＥに加えて、個々の兵隊独自の現場判断を認めているため、警告なしの射殺が相次いでいる。問題は、死人に口なし、ということ。その状況が、警告なしの発砲を正当化できるほど身の危険があったかどうか、蜂の巣にしてしまった後では、国連軍の発表を鵜呑みにするしかないということ。いちいち東京に伺いを立てなければならない、日本のようなシステムも問題だが、各兵士の独自の判断に任すのも、こういう問題がある。

二〇〇〇年一二月一二日［火］

またもや使節団訪問。国連ニューヨーク本部から国連事務次長の一人が明日来ることに。まったく何と言うショート・ノーティスだ。

二〇〇〇年一二月一三日〔水〕

国連事務次長、ナイール氏スアイ入り。Office of Internal Oversight Serviceという、一見何がなんだかわからない部署の最高責任者だが、国連全体の監査、アカウンタビリティを扱うところらしい。といっても、こんな大物がわざわざ監査に来る訳もなく、大名視察。通常のブリーフィングを行う。もう慣れになってきた。

ＮＨＫのＴＶクルーがスアイ入り。これから一〇日ほど滞在する。同時に子供による写真展のため永武女史も。

二〇〇〇年一二月一四日〔木〕

県知事会議のためディリに出発。国連機に乗る様子をビデオに撮られる。

二〇〇〇年一二月一五日〔金〕

二日間の県知事会議完了。目新しい議題なし。唯一、東チモール民族解放戦線（Falintil）の再訓練を前提とした国防軍の件。ディリ本部に新たな専門部署、Department of National Defense Force Development（国防軍設置課）が出来たのこと。課長は、軍事経験も何もない、ただＵＮＴＡＥＴ副代表キャディ氏の側近をしばらくしていたマレーシア人のオバさん。なんという人事だ。早速食らいつく。

俺は県知事の中でも、コバリマ県という「国防の最前線」いる立場上、民政官として最も的確な発言をできる立場にいる。しかし、国防軍創設の是非について、まだ十分な議論がなされたとはとても言えない。

なぜなら、七月に出た英国キングス・カレッジのレポートにも以下の三点について十分な考察がなされたとはいえないから。

第一に、国防を必要とする「外からの脅威」の分析。この脅威は、対インドネシアということだが、そもそも国連軍とインドネシア軍が〝停戦〟している訳ではない（過去に〝交戦〟したことがないから）。焦点は西チモールの併合派民兵であり、その制圧ということにおいて国連軍とインドネシア軍は共通の目的がある。もちろん併合派民兵の〝親〟であるインドネシア軍をどこまで信用できるかという問題があるが、両軍の円卓会議（TCWG）でのこれまでのやり取り、そしてこれからのこの関係の継続的発展を考える限り、インドネシア軍そしてインドネシア政府の併合派民兵武装解除のコミットメントは増強こそすれ減少することはないと俺は見る。インドネシア軍を本当の敵として戦ってきたFalintilを主体とした国防軍の創設は、逆にインドネシア軍を〝挑発〟することになるだろう。つまり、〝インドネシア対東チモールの交戦〟という絶対避けるべきシナリオの下地を造ってしまう。

国境管理委員会（Joint Border Commission）だって、インドネシア政府と覚書がサインされただけで、実質何も始まっていないのだ。まだ〝国境〟を扱う外交チャネルはTCWG以外には何も始まっていないのだ。それで、どうして〝脅威〟が計れるのか。

併合派民兵の活動は我が県で二人の犠牲者を出した七月、八月以降、明らかに下火になっている。そして、UNTAETミッション終了後も〝中期的〟には国連軍が国境を警備するという合意がある上で、国防軍の創設を今始める必然性は何か？

第二に、憲法。憲法上の国防軍統括権の定義もされていない。まだ草稿さえ作られていないのだ。憲法草案プロセスの前に〝既成事実〟を作ろうとする意図は何か？

第三に、コストの問題。誰も国防軍を東チモールが自前で維持していく正確なコストの算定をやっていない。国防軍の創設はUNTAETの責任ではできないので、二国間援助でやるしかない。オーストラリア、ポルトガルなどが名乗りを上げているようだが、総体として援助のコーディネーションが出来ている訳ではない。

案の定、このマレーシア人のオバさん、シドロモドロになりながら、反論する気にもならないアホな言い訳を。「キングス・カレッジのレポートが上がってきた時、CNRTとFalintil の幹部に相談したら、〝脅威〟の大きさを鑑み、ぜひ国防軍は必要という意見に達した」とのこと。アホ。銃をちらつかせて、お前これ欲しいか、と問われれば、俺だって欲しいと言うに決まっている。繰り返すが、キングス・カレッジのレポートの七月と今では、併合派民兵の脅威は天と地ほど違うのだ。

どうも、アイレオ県の兵舎に閉じ込められているFalintil のご機嫌取りだけが目的で、国防軍創設を急いでいるとしか考えられない。海外の東チモールウォッチの市民団体も、UNTAET攻撃の一環で、独立の本当の闘志であるFalintil が蔑ろにされている、と鼻息が荒い。じゃあ、どう蔑ろにしないか、という具体的なビジョンをこういう〝外野席〟が提供しているというのか。無責任な！　こんな万年野党の姿勢じゃ、この国を地域ポリティックスに利用するため、軍事国家に仕立てようとしている輩に利用されるだけだ。

俺の発言中、東チモール人県知事の何人かは、しきりに頷いてくれた。特に我がコバリマと同様に国境を有するボボナロ県の彼は、会議後も寄ってきて、俺が前から主張してきたDemilitarized Border（武装解除

●新しく配属された東チモール警察、婦人警官と。警察にできない安全保障の分野を明確にしてから、国防軍創設の是非を考えるのが筋だ。

した国境）の必要性を支持。しかし、唯一ビケケ（Viqueque）県の女性知事は違った。彼女、Falintil に一一年間奉仕した筋金入りの闘志。自分の目の前で愛する夫をインドネシア軍に殺されるという暗い過去がある。俺の発言中、険しい表情を。彼女みたいな人物を前にすると、どうしても気持ちが揺らいでしまうが、感情論で軍隊を造るほど危険なことはないのだ。

二〇〇〇年一二月一六日［土］

朝、ディリから国連機でスアイ帰省。

午後五時から、臨時ＤＡＣ（県政評議会）。停滞している評議会の今後をざっくばらんに話すためだ。今年

● “国会議員”マリア。

八月末のCNRT全国大会後、県CNRTリーダー達の求心力がなくなっていること。CNRTというより、個々の政党の色が濃くなっていること。それが原因で、評議会メンバーとしてのCNRT代表のパフォーマンスに陰りが出ていること。などを問題提起。反応はと言うと、やはり、この事実を認めようとしない。問題を評議会出席のためのインセンティブに持っていこうとする。

今のところ、UNTAET暫定政府の国会にあたる国家評議会（National Council）のメンバーには月二〇〇ドル程度のインセンティブがある。県のレベルにそれがいらないという理由は見つけにくい。でも、この問題を決議するのは、National Council。以前のように、

●スアイ教会にて。写真展の様子。

県知事とCNRTの首脳部で何でも決められる時期はもう過ぎた。全ては、National Council 県代表（マリアという我々がノミネートした女性）のパフォーマンスにかかっていることを強調。

最初は緊張したムードだったが、最後は和気藹々《あいあい》。来週水曜日の定例評議会の開催を確認。

二〇〇〇年一二月一七日［日］

永武女史、写真展。スアイ教会の平和と和解センターにて。ミサの後のオープニングだったので、大した盛況。

二〇〇〇年一二月一九日［火］

インドネシア軍との戦略円卓会議（TCWG）於モタイン（Motaain）、西チモール。いつもの面々。前回休んだ俺

●西チモール、モタインのインドネシア軍基地から、帰還難民の様子。

にとって、新任のインドネシア軍西チモール国境地域司令官は初顔合わせ。内容は、ヘリの領海侵犯など通り一遍。唯一の収穫は、インドネシア政府が難民対策のためにつくったタスク・フォースの一員、法務省からの出向職員と話しが弾んだこと。今月一三日から予定されていた一斉登録は遅れ、それでも今月末には最初の結果を出すとのこと。一体どんな体制で、どのくらいの人員を動員して、どんな質問票を使っているのかなど詳細を聞こうとすると、話しをそらす。この辺が官僚万国共通の対応か。

私服のインドネシア軍が併合派民兵の軍事訓練をしているとの帰還難民の目撃情報があったと国連軍が報告すると、インドネシア軍猛反発。いいかげ

●帰りのヘリ。楽しい。

んに信用してほしい、と憤慨。続いてインドネシア軍も、CNRTの宣伝ビラを携帯した東チモールからの侵入者を逮捕、アタンブアに拘留中との報告。すると国連軍、聞かれもしないのに、当方は〝金を払って〟スパイをさせるなんてことは絶対にしていない、と返す。やれやれ。

二〇〇〇年一二月二〇日［水］

朝一〇時からズマライ郡（Zumalai Sub-District）でタウン・ホール・ミーティング。村レベルの代表者二〇人ほどと二時間。副知事アリピオと初めてのタウン・ホール。ほとんどの苦情が教育、特に例の公務員教師の件に集中したのでアリピオに受け答えを任す。

午後二時から県治安委員会（District

●左から、ズマライ郡駐屯の国連軍ネパール中隊隊長、俺、アリピオ。

Security Council）。クリスマスのスアイ教会は、一万人ほどの人出があるということなので、九月のスアイ虐殺一周年の時と同じような治安体制実施を決議。

午後三時から県政評議会（District Advisory Council）。先週土曜の臨時DACのフォローアップ。CNRT県トップのアルバーロは依然欠席。その代わり新しい顔ぶれが。アルバーロがいない方が建設的な議論が出来たのは皮肉。これで形は整いそうだ。

二〇〇〇年一二月二一日［木］

朝八時半から、文民警察スアイ分署のオープニング。もとPolri（インドネシア警察）だった建物を修復したもの。その意味で象徴的なイベント。新しい制服を着た東チモール警察官たちが初々

●スアイ分署オープン。東チモール警官たちによるテープカット。

●スアイ分署内部での小さなパーティ。

しい。腐敗と市民へのハラスメントで有名などこかの国の警察のようになるな、と少々説教じみた演説をぶつ。

九時からスアイ郡（Suai Sub-district）のタウン・ホール。その後すぐにファトミアン郡（Fatumean Sub-district）のタウン・ホール。車で二時間。アリピオとNHKテレビクルーを同伴。途中の国連軍Observation Point（国境監視所）で、ブリーフィング。アリピオにとって初めての国境視察。クルーがその様子を撮影。「国境のチモール化」の手始め。

二〇〇〇年一二月二二日［金］

午前八時半、フォフォレム郡（Foforem Sub-district）へ出発。車で二時間。到着後二時間ほどタウン・ホール・ミーティング。この郡担当のコミュニティ行政

●国境監視所から西チモールを望む、NHK クルー。

官スシル（インド人）は、知らぬ間に数々の小プロジェクトを実施。大いに結構。その内のひとつがSeed Multiplication（種子倍増）。五エーカーほどの共有地にデモンストレーション・ファームを既に開墾。段々畑造りを展開する予定。東チモールの山間部では驚くほど棚田を見かけないので、画期的なインパクトになるだろう。

夕方は国際職員たちが金を出し合って、現地職員と共に、ちょっと早いクリスマスパーティ。アリピオにオープニング・スピーチをさせる。

二〇〇〇年一二月二四日［日］

クリスマスイブ。昼食を国連軍フィジー隊に招かれ、国境の国連軍駐屯地サレレ（Salele）へ。肉、肉、肉のフル

●ファトミアン郡でのタウン・ホール・ミーティング。

コース。

スアイ市内の電力供給は夜七時から夜中の一時までだが、クリスマスの今日は明方五時までの延長を許可する。

クリスマスを狙った併合派民兵の活動再開が予想されているため、文民警察と国連軍は、スアイ市内を徹夜で警備。俺の事務所内も、装甲車一台と完全武装ニュージーランド兵四人がお泊り。

二〇〇〇年一二月二六日〔火〕

クリスマス休暇でスタッフの半分以上が不在。ディリでも同じだから、驚くほど静かな日が続いている。

クリスマス期を狙った併合派民兵の活動が懸念されたが、何事もなかった。

●種子倍増計画に予定された敷地。村人がボランティアで開墾、囲いを作る。

27 DOC（緊急対策本部）出動！

二〇〇〇年一二月二七日［水］

今日は、ラマダンあけの日。国連指定休日。

だが、午後二時より県治安委員会（District Security Council）。ディリから視察に来ていた国連軍副最高司令官スミス少将も参加。今、彼は、National Security Council（国家治安協議会）の創設をリードしている。各県の治安委員会のネットワークを統括する試みだ。そして有事の際、地方分権された対策の拠点となる緊急対策本部＝District Operation Center（ＤＯＣ）の共通のStandard Operation Procedure（ＳＯＰ＝標準行動マニュアル）も作成中。我が県では既にＤＯＣは機能中。県知事である俺の統括下、国連軍、国連文民警察、国連軍事監視団が共同で、今年八月九月の併合派民兵の侵入の有事を対処してきた。このスミス少将の試みは、全県共通の規範をつくろうというもの。

ドラフトとして上がってきている共通SOPには、有事の際の国連軍出動もDOCの長である県知事に〝伺い〟を立ててから行う、とある。これは大変センシティブな問題だ。

例えば、県内で政治政党同士の衝突から暴動に発展し（既に我が県でCNRT対CPD‐RDTLという構図で発生済み）、国連軍大隊隊長が国連軍出動の必要性を判断したとする。しかし、県知事の俺がそれに反対したとしたら、どうなるのか。逆のケースだってもちろん考えられる。

忘れてはならないのは、県知事はどんどん〝チモール化〟していることだ。県知事がチモール人の県の場合、国連軍が、現地人の〝許可〟を得て、行動を起こすなんて有り得るのか。そもそも、軍隊の出動なんて国家元首が承認するものだ。こんな大事なことを〝簡単に〟地方に権限委譲されても困る。

これが俺の意見だが、これはもう既に、前回のディリでの県知事会議の際、スミス少将に俺が問題提起したもの。今日の委員会では、彼に事前に承諾を得て、他の参加者のために再度議題に載せたのだ。スミス少将、非常にセンシティブな議題であることを認め（軍隊の出動権というこの国の将来の憲法に関わる問題だから）、National Security Council の初の議題に設定することを約束する。

夜は、ラマダンあけの宴会。パキスタン工作大隊の招き。大いに食う。

二〇〇一年一月三日［水］

新年初めての県治安委員会（District Security Council）と県政評議会（District Advisory Council）。

評議会は、アリピオにコーディネートさせる。盛会。CNRT県トップのアルバーロは依然シカトしている。勝手にしやがれ。

●アリピオ（右から２番目）、県政評議会をコーディネートする。

二〇〇一年一月五日〔金〕

シャナナ・グスマオを過去二〇年に渡って支え、今はＣＮＲＴの法律顧問をやっているオーストラリア人、バーナード・コーラリィ氏の訪問を受ける。開口一番、俺が先月の国連安保理使節団に対して行なった例の声明の賛辞を受ける。シャナナも喜んでいたとのこと。妙な気持ちになる。

氏と話し込むこと二時間半。世銀の農業政策批判、インドネシアとの外交正常化の可能性で盛り上がる。ＣＮＲＴって、意外にまともらしい。少なくとも国連よりは。

夕方は大雨。ディリに所用で出かけ、スアイに車で向かっていた総務副担当官、フィジー人のエマシが、県境の河の水流増加で立ち往生。ここの橋は去年五月の大雨で大破したままだ。このフィジー人、何を血迷ったか徒歩で河を渡る、という連絡が無線で入る。それ以後連絡が途絶え、緊張。一五分経過しても連絡なし。緊急対策本部（District Operation Center）発動を宣言。国連軍にヘリの出動準備を確認。一気に色めき立つ。ヘリ出動を指示しようかという時に、当のエマシから素っ頓狂な声で無線連絡。アホ。向こう岸で一夜を明かせと指示。やれやれ。でも、DOCの予行演習になった。

東チモール人副知事アリピオと最初の意見対立。といっても、とりとめのない話。無免許で国連車を運転しているところを、元ダイアナ妃ボディーガード、国連武官のトレバーに咎められ、それを国際職員による現地人に対する差別と取り違えただけ。国際職員であろうと無免許では運転は許されない。こんな明白なことが、即、差別と翻訳されてしまうことが、暫定政府運営の最も難しいところ。「差別」と決めつけると、一人で勝手に興奮し感情的なリアクションをするというのが、ここのリーダーに共通の性格。何かというと、二五年間のインドネシア圧政下の苦悩を引き合いに出す。アリピオはそれでもCNRTのリーダー達に比べればずっとまし。しかし、どこの社会でもある、被害者意識がなせる仕草か。

アリピオ、かなり興奮。しかしそれが治まるのを待ってじっくり話すと、さすがに俺に声を荒げたのを後悔したのかシュンとなり、「Excuse me」と言い残しトボトボと俺の部屋を出てゆく。その後ろ姿が哀れになる。その後、車で連れ出し、最後は一緒に夕食をマーケットの大衆食堂でとり、夜一〇時まで和気藹々《あいあい》談笑する。やれやれ。

WFP（国際食糧機構）の国際職員（女性）の家に泥棒が入ったとの連絡。早朝四時ぐらいのことで、俺は不覚にも熟睡していた。無線で国連文民警察を呼んだが、対応が遅れたらしい。夜勤の警官が一人だったので署を空けられないとダダをこね、出動が遅れた模様。この全くアホなやりとりが全て無線で流れた。ヒンシュクもの。文民警察二四時間体制の見直しをしなければならない。

二〇〇一年一月六日［土］

かなり気持ちにだれが来ている。ここ数日、俺自身、業務の生産性が著しく落ちている。赴任以来一年がもうすぐ。だんだんこの国連ミッションとこの国に対して興味が薄くなってきている。そろそろ俺個人の目標達成に向かうシナリオを書き始めるか。しかし、俺って飽きっぽいなー。

でも、こういう飽きっぽさが、結局この国にとって良いのだ。善意を装った部外者に〝寄り添われる〟ほど、迷惑なことはない。

二〇〇一年一月八日［月］

早朝午前四時、人権担当民政官スーが自宅から文民警察スアイ分署を呼ぶ無線で、ハッと目が覚める。スーは、一昨日泥棒が侵入したＷＦＰ（国際食糧機構）の女性職員と同じ家に住んでいる。スアイ署、一昨日のように中々出ない。よって俺が応答する。自宅敷地内に不審な人物が侵入しているとのこと。スアイ分署はスーの家から目と鼻の先。大きな声でスアイ分署を呼び出す。俺の声にビックリしたのか、スアイ分署が応答。現場に急行するとのこと。それからすぐに、国連武官トレバーから無線連絡。無線を傍受していたらしく、もう既に現場に到着しているとのこと。さすが、元ダイアナ妃ボディーガード！　スーを含め、三人の女性には何の危害もなし。良かった。

それにしても、文民警察のこのザマはなんだ。出勤後、早速、新任の署長、ニュージーランド人の婦人警視ポーラを呼び出す。彼女は、スリランカ人のロハンの後任。気の良い、貫禄のあるオバさんだ。これで二回狙われたこの家に、今夜から警官を張り込ませること。スアイ分署の二四時間体制の強化を再確認。

副知事アリピオと日課の会議。俺からの最終引き継ぎのターゲットを二〜三月に設定し、それ以上この国に居座る気持ちはない、という俺の意思を表明する。彼の顔に緊張が走る。とにかく自信を持つように。そして、俺にとって引き継ぎの課題はたった二つしか残されていないことを説得する。一つは、国連軍、国連文民警察という治安組織の統括。これは、アリピオの問題というより、国連軍、国連文民警察側に、いかに東チモール人リーダーを〝盛り立てるか〟という術の定着の問題だから、まあ何とかなるだろう。

もう一つは、やはり、国連国際職員の統括。しかし、言葉の壁の問題は〝外野席〟が騒ぎ立てるほど、俺は問題にしていない。大部分の国際職員は途上国出身だ。英語を第二外国語として身に付けてきた連中だ。彼等には、自分等がくぐり抜けてきた試練を分かち合う〝寛容さ〟がある。その点で、俺のチームはアフリカ人主体。きっとアリピオを盛り立ててくれるという自信が俺にはある。

問題は、アリピオの側だ。国連車の使用の一件で垣間見せたような被害者意識が特化した感情をリーダーとしてコントロールできないと、下級職員のそれが発生したときチームワークに破壊的な亀裂ができる。

この辺をじっくりとアリピオに話す。よく理解してくれた模様。今日もアリピオは、夜遅くまで残業している。この勤勉さは頼もしい。

28 〝チモール化〟本格化

二〇〇一年一月九日〔火〕

スタッフ会議。チモール人スタッフ主体へと工夫する。通訳も、チモール人スタッフの横に座らせて〝ささやく〟方式から、発言毎に逐次通訳する方式に変更。時間はほとんど二倍かかるが、雑談を避けられるため発言が理路整然とし、何よりチモール人スタッフと〝対等〟になれる。二時間ほどで切り上げることができた。

次回から試験的にアリピオに議長を勤めさせることを発表。国際スタッフに、いよいよチモール人のリーダーシップの下で働く環境造りの佳境に入ったことを印象付ける。

二〇〇一年一月一〇日［水］

県治安委員会（District Security Council）。ギャンブル（闘鶏）のことが問題となる。ここ一ヶ月の間に数件の胴元の逮捕。といっても、未だ県地方裁判所は開設していないので、ディリに送還するしかないが、たかがギャンブルぐらいの罪状を審議する余裕なし。よって審議なしの釈放というアホな結末が目に見えているから、逮捕する意味なし。しかし、野放しにしておくと、これは窃盗その他の軽犯罪の増加を招くことに。唯一の解答は、軽犯罪併合派民兵を裁くような、コミュニティ内で処理するメカニズムを作ること。県政評議会での審議を待つことに。

県政評議会。アリピオに議長をさせる。なかなか頼もしい。

県治安委員会から審議要請のギャンブルの件。Community Mediation Council（コミュニティ調停評議会）の設立をＣＮＲＴ代表者満場一致で決議。ギャンブルに限らず、殺人・レイプなど重犯罪以外の案件を裁判所に送還するまえに討議し、コミュニティ労働などの〝罰〟を決議・執行し、裁判所への立件を軽減させる。司法設備が不足している状況では、有無を言わず、これしか解答がない。詳細は、来週までの宿題。

二〇〇一年一月一三日［土］

国連総会議長、ハッリ・ホルケリ氏（フィンランド人）特別機でスアイ入り。俺がホストで一日のプログラムを組む。なかなか気の良いジーさん。俺のチーム全員のブリーフィング、スアイ教会虐殺跡での追悼、県政評議会のメンバーを中心とした地元リーダー達との討論会と、まあお決まりのメニュー。

ブリーフィングでは、東チモール国防軍に対する俺の懸念を正式表明する。センシティブなイシューだ

●スアイ教会虐殺現場に献花をするホルケリ氏。

●国連総会議長ホルケリ氏と筆者。

けに、ホルケリ氏、かなり険しい顔で聞いていた。

ただ、一つだけヒヤッとさせられる場面あり。地元リーダー達とのやり取りでの一幕。このところ、こうした大物が来る度に問題提起している司法システム不備、過去の犯罪に対する〝寛容さ〟を住民から引き出すには、いかに重犯罪に対する厳しい法的制裁が必要か。こんな話題の中、いきなり「教育の必要性」をホルケリ氏、説き始める。「女性に対する教育は国造りにとって最も大切だ」（まぁ正論ですね。）「犯罪者併合派民兵にも母親がいたことを忘れてはならない」（……だから？）「悲劇を繰り返さないためにも、二度と併合派民兵のような犯罪者を育てないためにも、母親となるべき女性への教育が大切だ」（ウッ……）。俺、心臓が止まりそうになり、慌てて聴衆、特に地元女性リーダーの顔を見る。依然シーンとしているので、通訳のシマオが気を利かせた模様。良かった。

まったく。どーしようもない失言。これじゃまるで、この国の悲劇が全て女性の責任であると言っているように聞こえる。女性は一番の被害者なのに。

終了後、車中で当のホルケリ氏に、それとなく、あれは誤解されても仕方のない発言だった、と指摘する。氏、顔を硬直させ、額に汗をかきながら、失言であったことを認める。かわいい。どんなバックグランドで国連総会の議長になったか知らないが、かわいいけど、アホ。

昨年一一月の国連安保理議長、そして今日の国連総会議長と、国連で考えられるトップをホストする機に恵まれた。次は誰か。

二〇〇一年一月一五日［月］

インドネシア軍との戦略円卓会議（ＴＣＷＧ）於ラクトトス（Laktutus）、西チモール。午前九時にヘリで出発。コバリマ県側国境の町ベルリック・ラタン（Beluli̇k Ratan）にいったん着陸。国境越しのインドネシア軍基地の連絡を待って、再び離陸。ラクトトス着午前一〇時。

前々回から気が合っていた、インドネシア政府法務省官僚をまた見かけ話が弾む。インドネシア政府がアタンブアのＵＮＨＣＲ（国連高等難民弁務官）職員殺害事件後結成した難民問題処理のためのタスク・フォースの上級スタッフ、アラガン氏だ。とにかく西チモールの併合派民兵の武装解除が先決。これが解決すれば、東チモールにとって外的脅威がなくなり、国境で国連軍とインドネシア軍が銃を突き付け合う理由が

●ラクトトスにて。俺、アラガン氏、ボボナロ県知事。

なくなるのだ。インドネシア軍による武装解除プログラムは、今のところボランタリーな武器引渡しだけ。アフリカなどで一般的になっているインセンティブ重視の武装解除、Buy-Back（武器買い上げ）プログラムなどはまだ思考の外。今、西チモールの難民キャンプは、例のＵＮＨＣＲ事件後全ての国際団体が撤退したので、かなり飢えている。この状況だからこそ、この手のインセンティブは有効に働くだろう。この同意をアラガン氏、そしてインドネシア軍西チモール国境地域最高司令官クスナビ大佐から取り付ける。

スアイ到着後、すぐに上記のプロポーザルを在ジャカルタ日本大使館に打診する。どう出るか。

29 〝チモール化〟つまずく

二〇〇一年一月一六日［火］

アリピオに議長をさせる最初のスタッフ会議。まだ少しオドオドしているが、まあ何とか二時間でおさめた。国際職員もちゃんと忍耐力と包容力を見せた。大いに結構。

二〇〇一年一月一七日［水］

毎週の県治安委員会（District Security Council）と、県政評議会（District Advisory Council）。先週の宿題だった、軽犯罪をコミュニティで解決するシステム Community Mediation Council、改名 Community Restoration Justice のガイドライン完成。文民警察署長ポーラが忙しい中、良くやってくれた。これは、地元から審判員のリスト（一〇名くらい）を予め作っておき、案件に応じて三人の審判を任命し、軽犯罪における罰則の調停を行なうもの。数週間内に実施に向けて下準備を行なう。県政評議会で満場一致でこのガイドライン承認。今日の県政評議会も、副知事アリピオに議長をさせる。少し板についてきたか。でも、元教師の経歴からか、説教っぽくなる癖がある。この辺の性格が、将来災いしないと良いが。

二〇〇一年一月二〇日［土］

朝から、副知事アリピオに毎週ディリに送る週間業務報告書の書き方を手ほどき。教育担当民政官フィリッペ君、人事担当インドラを補佐役に任命する。「地方の声」を効果的に、かつ刺激的に中央に伝えるコツ。これをアリピオは学習しなければならない。

二〇〇一年一月二二日［月］

朝からオフィスのゲートの前に五〇人ほどの労働者達がデモ。UNTAET暫定政府が実施してきた道路修復工事などの開発事業の人夫の仕事にあぶれた連中らしい。全員とやりあうと収拾がつかなくなるから、リーダー格五人を選べと言い、オフィスに招き入れる。生活苦など一連の苦情。しかし、どうも、鬱憤は違うところにあるらしい。

今まで我が県では、事業の日雇い労働者の斡旋をCNRTに任せてきた。以前は俺のコミュニティ行政官の国連職員たちが手配してきたが、当のCNRTの県代表がその選考方法にイチャモンを付けて以来、じゃあ、お前らがやってみろ、と任せてきたのだ。今日のデモの連中は、どうも、このCNRTの選考が縁故主義に陥っていると、訴えたかったらしい。この頃、ずっとシカトを決め込んでいる県CNRT代表

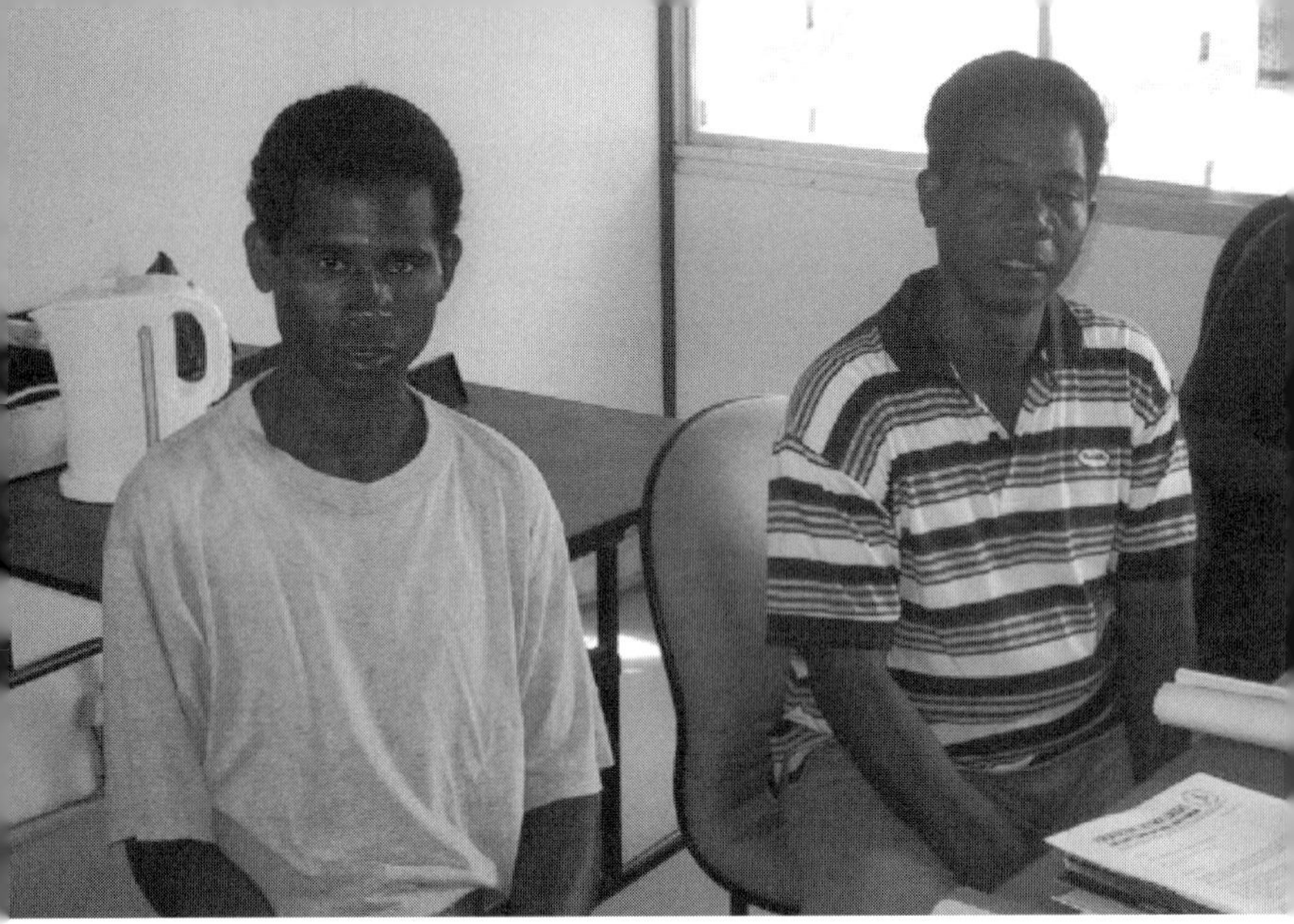

●国連職員がカンパして、ディリの大会に送り出した県代表徒競争選手（左。右はコーチ）。100M、12.1 秒で優勝。東チモールのナンバーワンに。

アルバーロの弱みを一つ掴んだ。ひとつ、揺さぶってみるか。

副知事アリピオ、文民警察署長ポーラに叱られる。先週から我が県では、文民警察が交通安全キャンペーンを敷き、町の中の数ヶ所にチェックポイントを置いている。なんと、アリピオ、無免許運転で引っかかったらしい。先日俺に言われてから、こそこそ人目につかないように運転していたらしいのだが、引っかかったのはもう数回とのこと。今日遂にポーラの堪忍袋の緒が切れた模様。といっても、このオバさん、中々太っ腹。報告書は俺宛てのだけに留め、ディリには報告しないと。アリピオ、恐縮しきり。それを横で見ていた俺は、不肖息子の親の心境。

二月一一日まで、日本で休暇。

30　和解への長い道のり

二〇〇一年二月一四日［水］

日本での休暇後、朝、スアイ到着。早速、仕事。スタッフ三人の人事評価。

午後二時から、県治安委員会。ニュージーランド大隊隊長も休暇中。俺も帰ったばかりなので、隊長代理に議事を任す。

夜八時、人権担当民政官スーから連絡。西チモールから親戚に会うため越境した一家族が、スアイ市内で群集に囲まれ、危うく暴動に巻き込まれそうになり、スアイ分署に避難。指示を仰ぎたいという。やれやれ。

スアイ分署に行ってみると、老婆と母親、それに五歳くらいの娘だ。元々西チモール人（つまり国籍はインドネシア人）だが、夫が東チモールでインドネシア軍に雇われていたらしい。この三人は、東チモールに嫁いでいる親戚に会いに来たところを群集に見つかったのだ。といっても、インドネシア軍発行の出国許可証と、UNTAET関税局発行のビザ（三日間）を所持。国境に配置している我が入国管理事務所は、この三人が西チモール人とは気付かずビザを発行したらしい（西チモールに在留する東チモール人の家族訪問のために設けられたビザ制度）。これを見極めるのは困難。

処置は、二つの意見に割れる。一つは、少なくとも今夜スアイ分署に一泊させ、できればビザどおり滞在を許すこと。もう一つは、群集による攻撃を避けるため、今夜すぐに西チモールへ送還することだ。すぐに送還してしまえば、東チモールは危険なところだというメッセージが広まってしまう。かといって、このままにすればこの母子の命が危ない。この母子の保護に当たった文民警察署長は、送還に反対。人権担当のスーは、すぐに送還との意見。議論は平行線に。俺が決定しなければならない。

当の母子に聞いてみようと提案。母子は、今すぐに帰りたいという。送還に決定。早速、国連軍事監視団隊長のデビッド（イギリス陸軍中佐）を無線で呼び出す。デビッドも署長と同じく、東チモールが危険だというメッセージが広まるのを気遣って、送還に反対だったが、母子の命に代えられない。それに、嘘のメッセージを送っても仕方がないのだ。署長に、スアイから国境まで、文民警察官による母子の護送。デビッドに、西チモール側国境に駐在する国連軍事監視団隊員を通して、インドネシア軍に国境から西チモール内までの護送を依頼するよう支持する。

夜一〇時、母子は無事インドネシア軍に引き渡されたとの無線連絡。やれやれ。

ニューヨークの国連日本政府代表部から打診。既に依頼していた、UNAMSIL（シエラレオーネの国連平和維持活動ミッション）で、ポストが空きそうだとのこと。早速、Yesの返事をする。代表部に感謝。国連

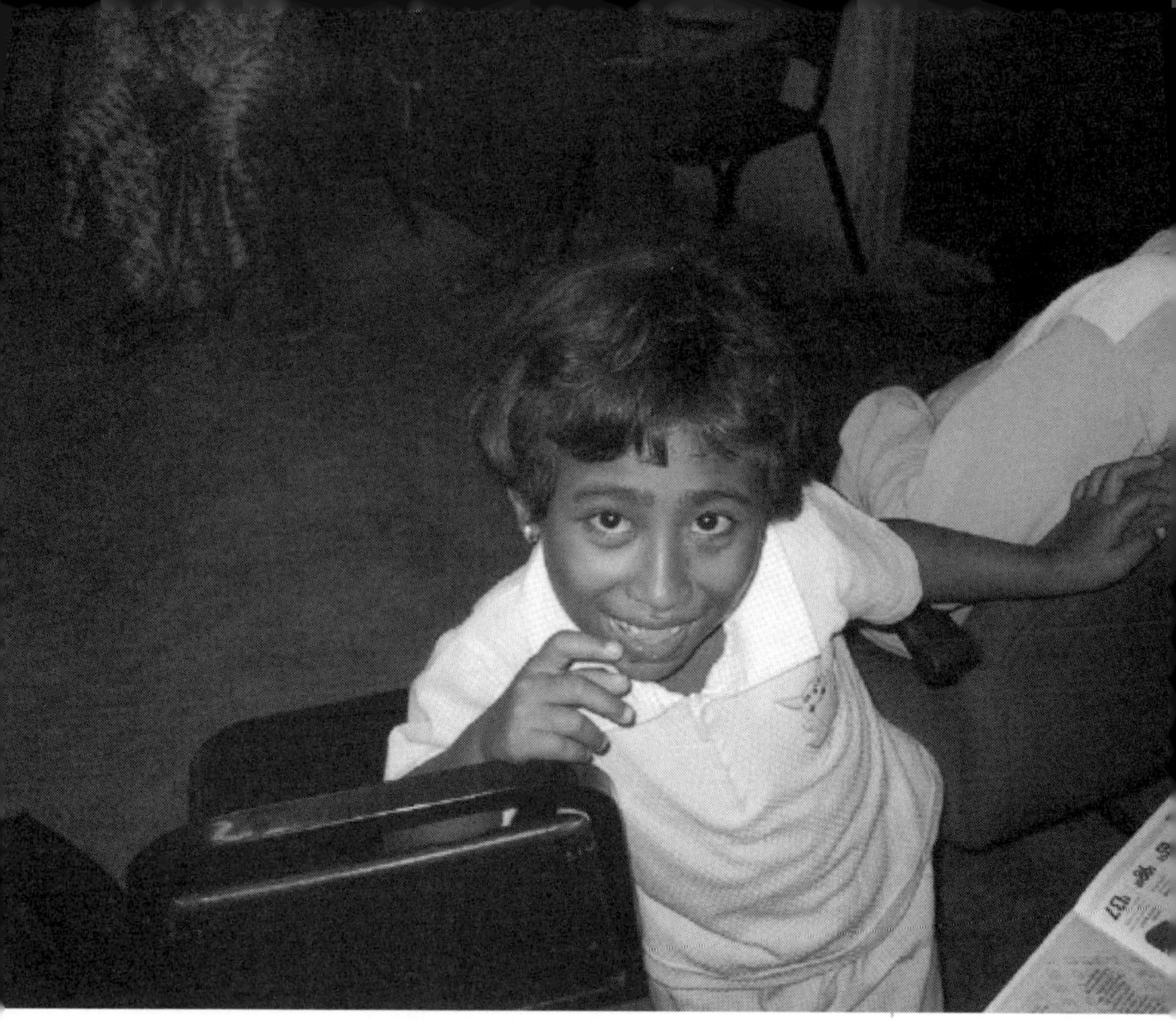

●西チモールから親戚を訪問し、群集にリンチされそうになり、スアイ分署に避難した女の子。

のことだから、UNTAET応募の時の様に、これから二転三転あるだろうが、待つしかない。

二〇〇一年二月一六日［金］

国連ニューヨーク選挙監視局から使節団。市民登録後の総選挙に向けた最終的なシナリオ書きのための訪問。西チモール難民の選挙登録のことについて、少し熱い議論。市民登録、選挙登録のために西チモールからの一時帰還（つまり登録後西チモールへ戻ることを許す）を認める方向で動いているらしい。これは、全く東チモール一般人の感情を無視した方針である。一般人の感情としては、政治プロセスに参加するなら、まず東チモールに

●オープンした木工所。"需要"をどう作るかが課題だ。

永住する意思を示してから、に決まっている。これを許したら、登録・選挙だけが目的の一斉帰還の事態を招き、これはとても今の国連軍を含めた治安維持部隊のキャパ（武器スクリーニングなどの）を超えた話だ。そもそも、一昨日の母子の越境に対して見せたここの住民の反応が、全てを物語っている。絶対に、衝突が起きるだろう。

この点を、使節団につよーく示唆。方針変更になってくれることを望む。

二〇〇一年二月一七日〔土〕

午後四時から、UNTAETとアメリカ合衆国国際援助庁（USAID）が援助した木工所の開設式に主賓として招かれる。発電機二機、電動木工器機数台を装備した大した施設だ。とにかく、インド

●強風で倒されたトウモロコシ畑。大きな被害でも収穫がゼロという訳ではない。

ネシアからの輸入家具に頼っている限り、西チモールの併合派民兵を間接的にサポートしているのだぞ、と少々感情的な訓示を垂れる。勤務が長すぎて、説教っぽくなってきたか。気を付けよう。

二〇〇一年二月一八日〔日〕

一昨日、国連軍情報将校から、ファトミアン郡（Fatumean Sub-district）で発生した強風で〝災害〟との報告。それを受けて午前一一時より、同郡の中心地ベルリック・ラタン（Belulik Latan）に国連軍ヘリで飛ぶ。ガンビア人農業専門家サナも一緒。

約八〇％のとうもろこしが強風で倒れている。国連軍は、コミュニケーションのままならない住民からの苦情を聞いて、とんでもない被害と勘違いしたらしい。サナに言わせると、一〇〇％倒れてしまっても、四〇％ぐらいの収穫はなんとか期待できると言う。大変大きな被害に違いないが、飢餓を生むほどのものではない。とにかく、独立に向けての大事な時期、緊急食糧援助の発動は慎重に考えなければならない。独立心を蝕む。

しかし、災害の被害情報をいつまでも国連軍のネットワークに頼っているようじゃ仕方がない。文民警察を中心に、災害情報ネットワークを築かなければならない。

二〇〇一年二月一九日［月］

朝から、飛び地のオクシ県にてインドネシア軍との戦略円卓会議（ＴＣＷＧ）。国連軍ヘリで飛ぶ。インドネシア政府との国境管理委員会（Joint Border Commission）は動き出した模様。ＴＣＷＧは軍事コーディネーションに特化させるべきで、文民主導の国境管理委員会の傘下に入るべき。この委員会設立は、ディイリ本部政務局主導で行なわれているが、非常に要領が悪い。去年初頭から、ＴＣＷＧへの参加を再三呼びかけても無反応。先月からやっと、政務官の一人を参加させ始めたというお粗末さ。現場レベルでの外交の実態を知らずに、どうやって国レベルの外交チャネルを築けるのか。

ＴＣＷＧから帰還後、夕方からスアイ県立病院職員の問題でまたミーティング。公務員試験の施行で、臨時雇用のステータスで勤務してきた現在の職員の何人かが正規職員になれなくなるためだ。病院職員、いつものように一致団結して抗議。

今回は説明に、人事院ディイリから、東チモール人のシニア・スタッフの派遣を要請。それなしにはコバリマ行政府として何もアクションは取らないと、ほとんど強迫に近い要請をディイリに対してした。そうして到着した二人の東チモール人スタッフの主導で集会を進める。俺の役目は、最初の演説だけに留める。

教師の公務員試験は、去年の醜態をさらした。縁故主義をコントロールできなかったことを、現地政府として素直に認める。今回の公務員試験は、最大限客観的な経歴の審査を行ない、縁故主義の入る余地のないよう万全を期した。その結果、あんた達の同僚の何人かが選考に漏れることがある。しかし、同僚だからというだけで庇い、正規の選考を妨げるのは、それはそれで別の形の縁故主義だ。こんなふうに演説すると、静かに拍手が返ってきた。

夜は、ニュージーランド大隊基地に、夕食に招待される。三〇人位のマウリ戦士によるハカ（Haka：War Dance）で出迎えられる。この大隊は去年の一一月に入れ替わり、この Haka は本当はその時に俺への表敬のためにやるはずだったのが、俺の休暇その他の理由で延び延びになっていたもの。

それにしても、この大隊は、俺の赴任以来三つ目。既に二人の隊長を見送ってきた。本当に俺、長く居過ぎている感じ。

二〇〇一年二月二〇日〔火〕

シエラレオーネの件、依然ニューヨークから連絡なし。気長に待つしかない。

二〇〇一年二月二一日〔水〕

午後から県治安委員会と県政評議会。アリピオは、人材訓練プログラムでディリに出張中、不在。これを機に、チモール化後の県政評議会の運営状況をＣＮＲＴメンバー達とブレーンストーミング。アリピオに議長を任せてから一ヶ月以上。他のCNRTメンバーたちからの評判は芳しくない。以前心配していた通り、モノローグの傾向がある。コーディネーターとしての能力不足がメンバーから強く指摘される。会議進行の時間が二倍になっても、しっかり通訳を入れて、俺がアリピオの監督をしっかりやるように要請される。ちょっと予想外の反応。困った。

スタッフの一人、六八歳のニュージーランド人酪農専門家ロイドは、俺の家の同居人。最近奥さんが住民登録の国連ボランティアとしてスアイに赴任して一緒に暮らし始めたばかり。彼、体の具合が悪いとニュージーランド大隊野戦病院で昨日診察。今日の精密検査の結果、尿管に腫瘍が発見される。その報告に俺の部屋に。やはり癌への進行を心配してか泣き崩れる。何も言えず、肩を抱いてやるだけ。今日中にディリ経由でダーウィンへ行く手配をする。たぶん手術で腫瘍摘出ということに。

二〇〇一年二月二三日［金］

シエラレオーネに関してニューヨークから依然連絡なし。このミッションの時も、打診を受けてから東チモール出発まで四ヶ月を要した。やれやれ。

二〇〇一年二月二四日［土］

朝から週間報告書作成。何てことはない土曜日。

夜八時から、国連軍西部司令部で合同ブリーフィング第一回目。ギレスピー准将から招待。主賓としてこれからも出ることに。准将との関係修復の兆か。昨年末に、彼の片腕のルーク中佐と俺の間で問題が発生。新任の将校にありがちな気負いからか、プロトコールを無視した書簡のことで、俺がキツイお灸をすえたのだ。それを上司として庇おうとした（当然だが）ギレスピー准将と、その監督不行き届きを指摘した俺との関係が悪化。それ以来、TCWGなどで顔を合わせることがあっても、お互い無視の状態が続いていた。相手は、六〇歳近い、最高司令官になってもおかしくないランクの人物。若造の俺に腸が煮えくり返ったであろう。しかし、やはり文民政府との関係を気遣ってか（そりゃそうだろう、スアイに来る要人のホストは全て俺だから）、関係修復をあちらから行なってきたのは、さすが。

軍相手の〝攻防〟は、文民の長として決して譲れないが、俺の任期もあとわずか。同じ現場を共有する者の間では、できるだけ波風立てないようにしようっと。

二〇〇一年二月二七日［火］

ニュージーランド政府ディリ代表事務所からの訪問。我が県は、ニュージーランドにとってまさにショーウィンドウ。国連軍攻撃大隊はニュージーランド隊も、文民警察署長もニュージーランド人。これで、県知事もニュージーランド人だったら申し分ないところだが。

開発援助でも、我が県をショーウィンドにしたいとのこと。とにかく、何でも一極化しようとする世銀に対抗して、開発政策を多極化させろ、という助言を与える。

ニュージーランド。こんな小さな国でも、〝顔〟づくりに躍起だ。この辺、日本はもう少し見習うべきだろう。

二〇〇一年二月二八日［水］

県政評議会は、メンバーを迎えに行ったUN車両のロジがうまく行かず、お流れ。やれやれ。

県治安委員会は、セーフ・ハウス（Safe House）の建設の是非に集中。Safe Houseは、「寛容」の旗のもと進行する帰還難民の和解作業の中で、何らかの理由（併合派民兵関係の犯罪に手を染めた）でコミュニティから拒絶された人々を匿う施設だ。こういう人間は保護しないと群衆の攻撃の的になる。司法システムが不備の状態で、重罪併合派民兵でも証拠不充分で不起訴になってしまう現状では、Safe Houseの需要は高くなる見とおし。我が県では、まだ建設していない。

先週も、殺人の疑いが持たれている我が県出身の元併合派民兵が、ディリに送還後、例によって不起訴処分で釈放され村に帰されたはいいが、村人の強硬な反発に合い、スアイ分署で保護しなければ命が危なくなるはめに。

しかし、ジレンマがある。余り立派な収容施設を作ってしまうと、ずるずると長居を許し、刑務所か強制収容所の態をなしてしまう。そして、こういう〝逃げ道〟を作ってしまうと、和解作業に支障をきたす。何より、運営をどうするかだ。警備は文民警察がやるとしても、施設の維持、収容人員の食事などを賄う予算など我が県にはありはしない。決定は次回まで持ち越し。

副知事のアリピオと国家評議会（National Council）県代表マリアと関係が悪化。アリピオは、現地公務員のトップ。マリアは、県住民の〝国会〟への代表だ。俺がアリピオを立てて来たのは当然だが、小学校卒だけの学歴ながら女性運動の旗手として県代表に選ばれたマリアが最大限の尊敬を得られるように俺は心を砕いてきた。これが裏目に出た。

マリアが国民評議会に出席するためにディリに行くときは、俺が使っている知事用の国連車（一番手入れが行き届いている）の使用を許可してきた。国連機の使用もできたが、マリアは出産したばかり。乳飲み子と国家評議会出席中面倒を観る乳母を気遣い、子供の世話がこの大役の欠席の理由にならないようとの配慮だった。

先週、国家評議会後いつもの様に知事専用車をディリに送った。たまたま別件でディリにいたアリピオに同乗する様に指示。その際、「俺が主」という態度をアリピオがマリアに示したらしい。マリアは、さすが女性運動の旗手、一歩も引けを取らず、きっぱり赤ん坊と車を降り、民間乗合トラックでスアイ帰省。

アリピオは、俺の前では借りてきた猫みたいだが、その他の人間、特に現地人からの不評が目立つようになってきた。特に、この県代表であるマリアからの不信は痛い。現地への権限委譲が進むと、必ず新たなパワー・ダイナミックスを生み、この手の問題を招く。これは、どうしようもない。

31　東チモール国防軍創設の真意

二〇〇一年三月一日［木］

日本内閣府国際平和協力室から三人の使節団。国連軍を主体とした一日のプログラムを作る。今月で、赴任後ちょうど一年。早いもんだ。この一年は、過去に経験したことがないほどの密度とスピードで進んだ。

二〇〇一年三月二日［金］

National Disaster Management Plan（国家災害対策計画）のパイロット計画実施に名乗り出る。今日は、第一回のワークショップ。郡（sub-district）の長、文民警察間のネットワーク強化が目的。災害発生の際にいち早く情報が県本部に伝わるように。

情報伝達は最も基本であるが、伝わってても今の県財政では、緊急物資の備蓄もない。理想は、各郡に、緊急物資や建設資材を備蓄できる共同倉庫（Warehouse）のネットワークを造ること。種の保存など、コミュニティ管理の農業プロジェクトと連結できればなお理想的。災害時では道路網が壊滅、ヘリ輸送しか頼りに出来なくなるので、これしか対処策はない。

二〇〇一年三月三日［土］

夜七時から、国連軍西部司令部ブリーフィング。隣県ボボナロのオーストラリア軍の中隊基地から、機銃一丁と弾薬が夜間盗まれたとのこと。懸命に犯人を追っているが今のところ手がかりなし。ものすごいアホな事態だ。

もう一つの焦点は、今週初めに我が県北部国境で起きた、領海侵犯した国連軍ヘリに対するインドネシア軍による発砲。威嚇のものだったが二発。これもアホな事態だ。発砲したインドネシア軍小隊は処分されるとのこと。

国連軍事監視団隊長デビッドに言わせると、我が県北部国境に駐屯するこのインドネシア軍中隊は、他に比べると非常に統制に欠けるとのこと。インドネシア軍といえども、一枚岩ではないことの顕著な例。

二〇〇一年三月四日［日］

日曜だというのに勤務。

国連軍副最高司令官のスミス少将が任期を終えるということで、ディリから挨拶にくる。文民とのやりとりを非常に大事にしてきた名将。県知事会議で何回も論を戦わせてきた。わざわざ来てくれて光栄に感じる。最後なので本音を聞き出したいと小一時間。

日本の戦後史を例に取り、東チモールの国防軍創設の件。憲法草案の前に、こんなシロモノをつくることの危険性の議論を吹っかける。やはり国防軍創設の動機の全ては、東チモール民族解放戦線（Falintil）のため。インドネシアへの抵抗を担ってきたこの勇士たちを、アイレオ県の兵舎に閉じ込めてきたのはUNTAETの責任。当然の如く、鬱憤を晴らすために暴動。国連軍との銃撃戦に発展しかねない事態が去年たびたび起こった。過去の功績に報いるために、Falintil に国防軍の任を与えるのは、内紛を繰り返す数ある政党の中でも共通の見解だったたと。

まあ、これではっきりした。Falintil に熱き思いを寄せるのは、東チモール人の勝手。功に報いたいのなら、人の力（外国）に頼らず自分たちの財布で賄わんかい、というのが俺の本音。しかし、何の効果的な動員解除のプログラムも実施せず、一年以上も放っておいたUNTAETの罪は重大。その代償がこれか。

とにかく、東チモール国防軍は、アフリカの国々で一般的な Para-Military（大統領警護などのための予備隊）の概念とは一線を画し、外的脅威（インドネシア）のためだけに、との了解は、国防軍上層部（元 Falintil の幹部たち）の中で取れているとのこと。つまり、国防軍が国内の騒乱を鎮圧するために出動することはない、ということ。つまり、特定の政党、リーダーの意思で銃をもって群集を鎮圧することはないということ。軍事独裁への道を阻止する手立て（理解だけ）は取ってあるとのこと。

Falintil が、非常に統制の取れたゲリラ部隊だったことは間違いないだろう。俺の極めて限られたその将校達との付き合いだけでも、それがわかる。しかし、しょせん軍は軍。Falintil の過去の栄光に期待をかけ

●国連軍本部副最高司令官スミス少将。

過ぎ、いや、この性急な国防軍創設のシナリオのためにうまく利用しすぎているのではないか。

国防軍への再雇用に漏れた Falintil 兵士が、ボボナロ県でインドネシアからの密輸業に手を染めているという、国連軍情報部の報告がある。あぶれた元 Falintil の動向のウォッチは、残念ながら、俺たち県知事が国連軍事監視団と一緒に抜かりなくやることになっている。つまり、その〝都合の良い期待〟とは裏腹に、Falintil が将来の社会不安の原因になる可能性を意識して、監視し始めているということだ。

今のところ、俺が理解している通り、向こう三年〜五年は、国境地域への国連軍の残留の合意がある。その間は、国防軍の国境付近への配備はあり得ない。もちろん〝戦争〟の回避のためだ。ここに、論理矛盾がある。国連軍在留中は〝戦争〟を避けるために国防軍の国境への配備はせず、なおかつ、将来国防軍は内政への干渉を防ぐために外的脅威（インドネシア）への対処に特化させるとは……これはどういうことだ。国防軍は一体何のために。

これは、つまり国連軍の〝半永久的な〟配備という〝安心概念〟が、三〜五年後にどうなるかというシナリオの想定を無意識的に回避させる文化がもう出来上がっているということ。ＰＫＯ（国連平和維持活動）ずるずるべったりの泥沼に足を踏み入れたということ。

32 手厚すぎる加護の独立

二〇〇一年三月五日［月］

しかし、こんな〝手厚い〟加護の独立が、アフリカの独立史上あっただろうか。インドネシア占領下の過去の惨劇、それを見過ごした日本を含めた列強国の罪の代償だと言ってしまえばそれまでだ。それで済まないのが、〝現在〟進行形の自前の国造りだ。保護に対する〝甘え〟が、独立精神に支障を来たし始めているのではないだろうか。

ウガンダ人コミュニティ行政官アイダの案内で、ティロマー郡（Tilomar Sub-district）、フォフォルリック村（Fohorulik）の小学校を視察に行く。午前一〇時だというのに、道すがら、何人もの下校児童とすれ違う。その一人を止めてきく。教師が登校して来ないと言う。こんな状態が一ヶ月も続いていると言う。何てこった。もっと早く手を打つべきだった。

●UNHCR 支給のビニール布で何とかしのいでいるフォフォルリック村の小学校。最も復興が遅れている学校の一つ。だが、教師さえいれば教育は成り立つ。

原因は分かっている。〝小さな政府〟の掛け声の元、教師の数と、インドネシア占領時に比べると三割ほどの小学校の数を減らしたからだ。その結果、廃校処分にあった村の児童は、隣接した別の学校に通わなければならず、それは教師にとっても同じで、住居を移さなければならないケースが多く発生したのだ。これが、教師の〝不登校〟の原因。しかし、である。

教師の不登校の問題なんて、あの混乱時の世界最貧国シエラレオーネでもなかった。たとえ政府が給料支払いを一年以上も怠っても、校舎も、教科書もなくても、教育は進行していた。村が教師を支えていたのだ。村が、教師の不登校を許しはしなかった。

それに比べて、ここ東チモールの教師の〝体たらく〟はなんだ。このフォフォルリック村は、教師のための仮住まいを自力で建設している。東チモールのこのご時世で、教師を始め公務員は、滞りのない給料をもらっている点で、不満は何も言えない身分だ。それなのに、職場が遠いと駄々をこねる。これは、県全体に蔓延し始めている問題だ。

手厚い加護が、独立精神を蝕み始めたか。全ては、暫定政府の〝暫定〟がいけないのだ。自前で国家を動かす現実を、手遅れにならないうちに、できるだけ早期に思い知らせるべきだったのだ。

もうこうなったら、対症療法しかない。「教師の出勤簿」を導入する。欠勤日は日割りで給料から差っ引く。怠慢教師は、公務員から抹消する。村の同意を得て、抹消する。中央が優柔不断なら、県独自のイニシアティブでやる。絶対にやる。それで、教師のデモが起こっても、正面から受けて立ってやる。

二〇〇一年三月七日［水］

県治安委員会と県政評議会の日。

県治安委員会では、先月末から議題だったSafe Houseの建設の是非を議論。帰還難民が到着当日に一～二日過ごすために造られた既存のTransition Center（仮宿泊所）の中に増設することに同意。Safe Houseを造ることにより、和解をしなくてもキャンプに隔離しておけばいいという印象を人々に与えることの懸念を考慮した妥協案だ。

県政評議会では、またギャンブルの問題に集中。闘鶏が主だが、コミュニティ・リーダーが注意しても、

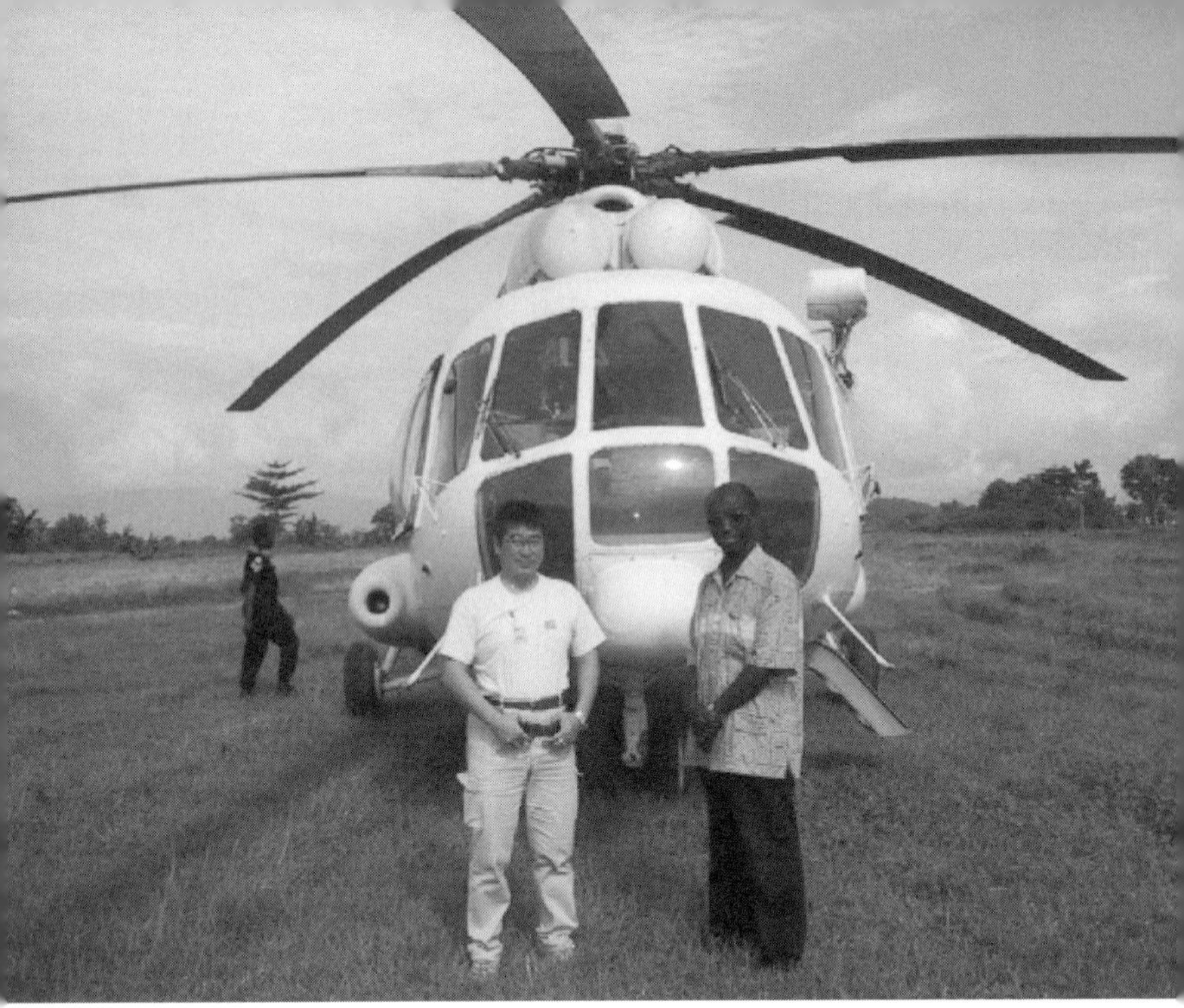

●今日から、日本政府外務省と国連主催の国際シンポジウム出席のため 10 日ほど日本に帰国。スアイからディリに行く中継地で、スタッフの一人、政務担当民政官オマールと。彼は、元国連大使だった経歴を持つ。

「法律を見せろ」と開き直る胴元が多発。この辺の法律は、インドネシア時代の法律を引きずっているが、明文化されたものが手元にない。文民警察にもない。県独自の通達として、現地語と国連のレターヘッドで体裁をつけるか。それとも、中央に働きかけて、一つの条例として発行させるか。後者は時間が掛かりそうだから、前者ということになるか。

33 正義と和解の狭間で

二〇〇一年三月二二日［木］

一〇日間の留守。昨日、ディリからスアイ到着。

本日早朝より、国連ニューヨーク本部、国連事務総長補佐のアナビ氏がスアイ訪問。初老のチュニジア人だ。スミス少将に代わる新任の国連軍副最高司令官のパウエル少将も同行。いつもの様に俺がホストの半日のプログラムを組む。アナビ氏は、先週の東京でのセミナーで一緒だった。日本からの途中、バリからの飛行機でも隣合わせた御仁。何事もなくこなす。

ジョアオ・メンドンサという人物。ＦＰＤＫ（インドネシア語で：Forum Persatuan Demokrasidan Keadilan ＝団結・民主主義・正義フォーラム）という、一九九九年の住民投票以前に、民兵に政治的装いを与えるためにインドネシア軍が結成した組織の幹部。この県で、メンドンサ一家として肩で風を切っていたらしい。この親父

●筆者の左がアナビ氏。その隣が国連軍副最高司令官パウエル少将。

のカエタノ・メンドンサは、いまだに西チモールの難民キャンプの顔で、ＦＰＤＫの後継組織を名乗るＵＮＴＡＳの顔役。この一家の処分如何は、これからの難民帰還に大きな影響がある。昨日の帰還難民に紛れてジョアオが帰還、我が国連文民警察によって身柄を拘束中。この情報を聞きつけて、県ＣＮＲＴ幹部達が談判に来る。かなり鼻息が荒い。言い分は、どうせ我が国連文民警察が逮捕、ディリに送還しても、また証拠不充分で釈放されるに決まっているから（本当にそうなるだろうから辛い……）、ジョアオをＣＮＲＴの管理下に置け。そうすれば、他の住民達からのリンチからも守ってやるし、〝和解〟を促進してやる、というもの。

　去年から俺が言い続けている司法イ

ンフラの整備に目立った進展が見られない状況で、非常に返答に困るが、こんな要求をのんでしまっては、ただでも危うい〝政府の威信〟を自ら完全放棄してしまうもの。断じて出来ない。何とか威厳を保つのに一苦労。

司法インフラと捜査能力不足が招いた、ハードコア併合派民兵の釈放。今日のCNRT幹部の出方を見ても、住民はかなり忍耐の限界に来ていると見なければならない。今日のやり取りでも、それらの併合派民兵は、「釈放」されたのではなく、「執行猶予」(もっと証拠が出たら再逮捕)であると、苦しい答弁をしなければならなかった。現状では、釈放同然であると分かりきっているのに。こんな言い訳を平気でするようになった俺は、一体何なんだ。

二〇〇一年三月二四日 [土]

夜八時から国連軍西部司令部での週間軍事ブリーフィング。ギレスピー准将と一緒に上席を占めるのもいいが、ただ一人の民間人として軍人に囲まれたこういう会議でも、窮屈さを感じなくなってきたのは、やはり慣れのせいか。

その後、ディリへ転任になるネパール人スタッフ、プラディープの歓送会。彼はスアイに一年半勤務した。こんなハードシップ勤務地で長い間よくやった。拍手でもって送り出したい。

二〇〇一年三月二六日 [月]

UNTAET代表のデメロ氏の側近からアホな通知。先日、スアイで逮捕されたメンドンサ一家のジョアオのこと（もうディリに送還されている）。西チモールにいるメンドンサ一家の親分カエタノが、ジョアオ逮捕を聞きつけ、難民帰還を妨害するという脅しをかけてきたのこと。だから、ジョアオ逮捕を見直すためにディリで緊急会議を開きたいとのこと。アホ。こんな脅しに乗るバカがいるか。

そして、ジョアオの妹がＵＮＴＡＥＴ暫定政府の東チモール人裁判官になっていると、わざわざ記述。それがどうしたというのだ。アホ。

二〇〇一年三月二七日［火］

昨日、国連市民登録スタッフと我が法律担当民政官が運転する車が地元男性の運転するオートバイと接触事故。かすり傷ですんだが、この男は、去年起きたＷＦＰ（世界食糧機構）の日雇い労働者争議の首謀者の一人。やっかいな奴。国連文民警察の対応に業を煮やしたのか、俺のところに談判に来る。こういう他愛ない事件が大きな暴動を触発するような昨今の状況なので、時間を惜しまず対応する。笑顔で帰って行った。

二週間前から始まった東チモール市民登録（Civil Registration）。スアイ市内にオープンした市民登録所で暴動騒ぎ。でも怪我人は出ず。一つの登録所で一日二〇〇人をこなすのがやっと。ドイツから持ちこんだコンピューターの度重なる故障のせいだ。暴動は、このスローな対応に苛立った二〇人くらいの若者が起こした。（それとも裏で煽っている黒幕がいるのか）。

県治安評議会で協議。国連文民警察、特に東チモール警察隊（ＴＬＰＳ：Timore Lorosae Police Service）の配備を検討（ＴＬＰＳは小銃を携帯していないので、市民に威嚇の印象を与えないようにするには好都合）。しかし、この事

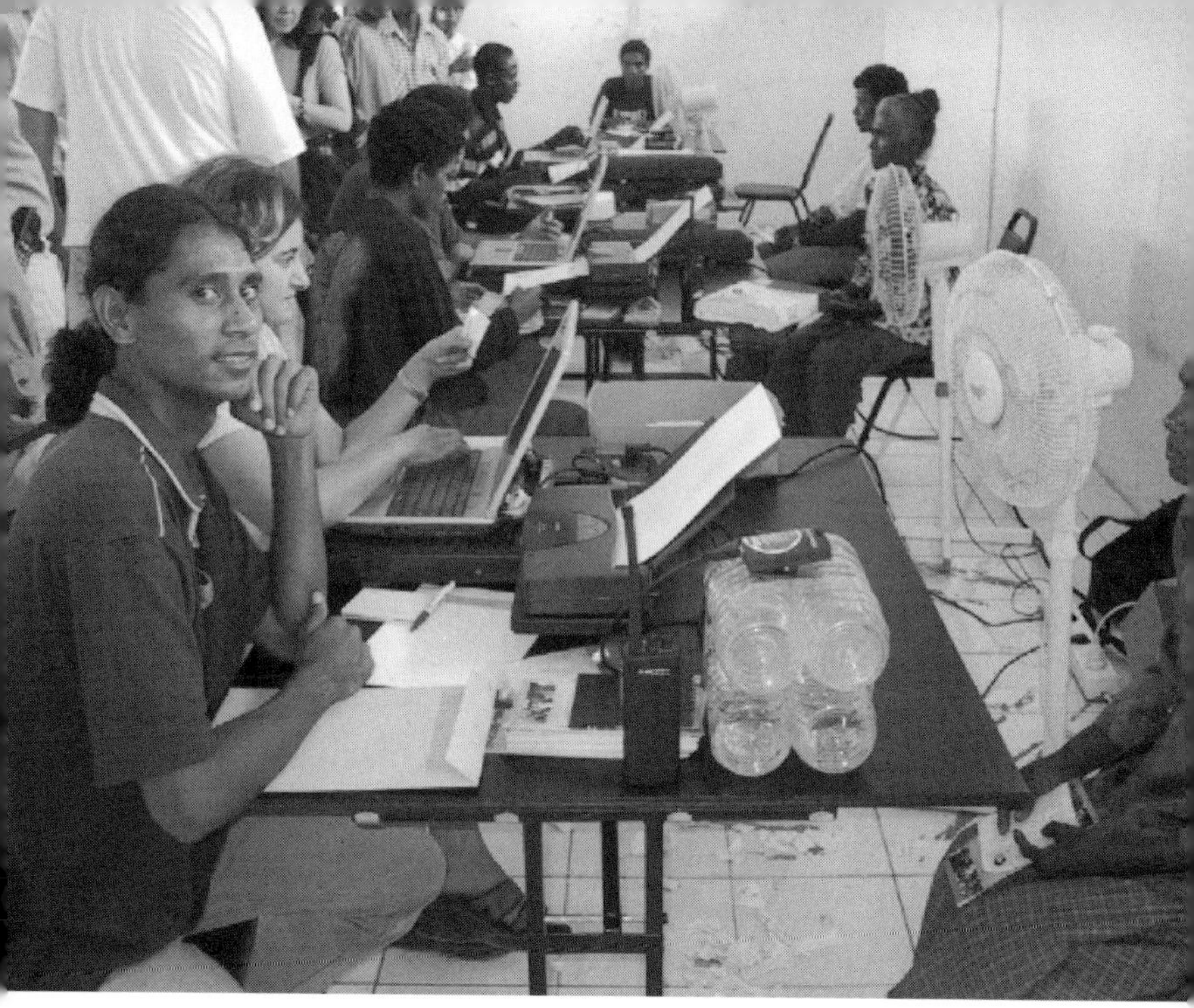

●スアイ市内の市民登録所。

件、何か予兆のような気がする。

今日の県政評議会。メンドンサ一家のジョアオの扱いをめぐって、CNRTからイチャモン。ジョアオは逮捕したのに、一緒に帰還したもう一人の舎弟ドミンゴスをなぜ逮捕しなかったのかというクレーム。ジョアオの逮捕は、ディリの誰かがこやつのスアイ教会虐殺での関与を告訴したためできた。ドミンゴスは誰からも告訴されていない。だから逮捕できるはずがない。この論理が、やはり感情が先に立つからか、この人たちにはなかなか理解が難しいらしい。併合派民兵だから即逮捕しろ、が彼等の要求。しかし、犯罪の直接目撃者や被害者が提訴しない限り、逮捕はできない。この点を改めて強調。目撃者と被害者のカミングアウト奨励の手助けを評議会メンバーにアピールする。

公務員教師選抜における縁故主義と給料支払いにおける着服事件の特別調査委員会(我が県政評議会が任命した)がやっと報告書をまとめる(六ヶ月以上かかった)。全てを東チモール人(評議会メンバー)で行なった。実名入りのかなり詳細な調査。上出来。額は小さいが着服の事実、選抜試験に落ちた人物が選考されたりのケースが多々。評議会では、これらにどう対処するか、刑事訴訟か Community Mediation (和解) かを討議。公衆の面前の謝罪などの Community Mediation に議論が集中。来週、さらに詰める。

二〇〇一年三月二八日［水］

リキサ県 (Liquisa) で、UNTAET地元スタッフがスト、との情報。

シャナナ・グスマオ氏が、National Council (国家評議会) 議長と将来の大統領候補者から降りるとの声明を出したことが確認される。国家評議会に関しては、去年に引き続き二回目の辞任劇。三度目は誰も信じなくなるだろう。

辞任の原因とされているのが、Constituent Assembly (制憲議会) 制定関連の法案、誰もが通ると思っていたその法案が国家評議会で却下されたため。制憲議会のメンバー選出は、暫定政府下最初の選挙になるため、ここでつまづくとさらなる遅れ(独立の)が予想される。国家評議会は、各分野、政治グループの東チモール人リーダーたちで占められる。シャナナはこの法案却下を、これらリーダーたちが国のためより自分たちの利益で動いていると捉え、失望したというふうに報道されている。これが本当なら、シャナナ、それが民主主義というものであろう。

34 〃性奴隷〃の人権

二〇〇一年三月二九日〔木〕

ジュリアナという女性（もう実名が報道されてしまっている）。併合派民兵の一人マネックという男に性奴隷として略奪され、未だに西チモールに監禁されている。もう子供も生まれている。現在、シャナナの妻の梃入れで東チモールの人権問題の象徴として世界的に脚光を浴びている。ジュリアナの両親は、スアイに在住。人権担当民政官スーがたまたまその隣に住んでおり、色々と親身に相談に乗っている仲。そのスーに言わせると、何せ「性奴隷」というセンセーショナルな事件、ジャーナリスティックな価値のためか、良心を装って色々な大物がわれもわれもと取り上げるが、両親の心はすさむばかり。

この傾向のもっと顕著な例が、ＵＮＴＡＥＴディリ本部での〃主導権〃争い。昨日、ＵＮＴＡＥＴ代表デメロ氏側近が、国連軍本部を通して、我が県の国境サレレ（Salele）で、ジュリアナと両親の対面を演出すると、通知してくる。ジュリアナの西チモールからの護送の手配は、インドネシア軍によるもの。この側近は、インドネシア政府との交渉の先頭に立っている人物。ディリに来ていたインドネシア政府からの使節団との会議の席で緊急に決まったらしい。ところが、面白くないのが、インドネシア政府との外交問題を管轄するはずのＵＮＴＡＥＴ政務局本部。この情報を聞きつけ、今朝俺に電話で、その対面式を中止せよと打診をしてくる。インドネシア政府が、国際世論からの避難をかわす道具に使うだけ、というのが政務局の意向。一理あるが、現場を取り仕切るのは我々。インドネシア軍との中継ぎ役の我が県の国連軍事監視団隊長のデビッドとスーを送り出したばかり。政務局の要請を蹴る。

結果は、両親は国境に行ったものの、肝心のジュリアナは現れず。インドネシア軍によると、東チモールに近づくのを極端に怖がっているとのこと。代わりに、両親が西チモールに行ってジュリアナに会う可能性を議論。インドネシア軍の地域本部があるアタンブア（去年九月にＵＮＨＣＲ職員三人が虐殺された町）へ我が国連軍事監視団が付き添うことに。もちろんインドネシア軍の武装エスコートが条件だ。スーも同行する。四月三日の予定だが、ディリのレベルでまた一問着あるだろう。

午後、ディリ政務局に電話する。とにかく、これからこの手のイベントの指示は、ディリ本部の各部署がお互いコーディネートした上で行うこと。そして、現場では県知事（俺）が一括してコーディネートすること。

ジュリアナは、一九九九年九月のスアイ教会虐殺の重要な証人。虐殺の現場にいて、彼女自身の弟が殺されるのを目撃しているとのこと。そして、インドネシア軍の関与に関する証言も期待できる。今まで暗殺されなかったのが不思議なくらいだ。

二〇〇一年三月三一日〔土〕

ジュリアナのケースの続き。先日、我が国連軍事監視団隊長デビッドと人権担当スーとインドネシア軍の間で合意した、ジュリアナの両親がアタンブアまで出かけて面会するという提案。ディリの同意を得られず。残念。対インドネシア外交が絡む、そして同行するスタッフの生命保険その他の保証が絡むことなので、現場の俺たちの意思で単独行動はできない。しかし、これは両親の心を弄ぶようなもの。しかし、どうしようもない。

最後の手は、国連軍西部司令部司令官のギレスピー准将だ。西部司令部は、形式上は国連軍ディリ本部の下部組織だが、TCWG（インドネシア軍との戦略円卓会議）の主宰権を握っているのでインドネシア軍と独自のコンタクトを持つ。ディリを出し抜く形になるが、現場レベルでインドネシア軍と直接交渉してジュリアナと子供の帰還作業を進めてしまう可能性を、夜、准将に提案しに行く。准将は、俺同様、ディリの主導権争いに立腹。アタンブアでの面会案では、インドネシア軍西チモール司令官ダコスタ将軍が直々主催するという打診を受けていた。ディリ政務局の一方的なこの案の却下にも立腹。

しかし、昨日、国連軍最高司令官と政務局、デメロ氏の間で協議があり、このジュリアナの件に関しては、国連軍と国連軍事監視団は完全に手を引く、との合意に達したとのこと。国連軍はディリ・レベルでも、文民政府当局間のアホなエゴの争いには付き合ってられない、と判断した模様。つまり、将来たとえジュリアナと子供の救出劇が組まれても、国境を通過して陸路で実施されることはないということ。つまり、空路の拠点クパングかバリ経由、もしくは国外のどこかで落ち合うということになる。これもアホらしい。とにかく、静観するしかない。

二〇〇一年四月二日［月］

夜九時半、国境サレレ（Salele）で、国連軍とインドネシア軍が交戦したとの情報。負傷者は出なかった模様。現在は治まっているとのこと。どちらが先に発砲したか、調査中。

国連軍は、装甲車二台と一個小隊を配備、警戒中。ここは、インドネシア側にも人員を配置している国連軍事監視団の腕の見せどころ。国連軍とインドネシア軍の信頼回復のため、無線を使って忙しく立ち回る。

朝一〇時から県教育委員会の面々を集めて会議。教師の不登校の問題に発するモラル低下の対策をざっくばらんに話す。二五年間のインドネシア占領下でスプーン・フィーディングされた結果、教師の家を村人が自力建設するなどのコミュニティの自助努力の精神が著しく損なわれているとは、県教育委員会委員長の弁。もっともらしい。給料がちゃんと支払われているのに不登校を続ける不届きな教師を監視するため、教師の出勤簿をその学校の校長の管理ではなく（馴れ合いになっているから）、コミュニティ管理にするということで同意。これをきっかけとして、教育を支えるのは地元住民、という考えを拡大して行かなければならない。政府だけの力でこの国の教育を維持するのは不可能。アフリカの経験から分かる。

この委員長（去年、旧教育委員会事務所をスアイ分署に転用する案を俺に思い止まらせたあの頑固爺さん。個人的には好き）とアリピオは犬猿の仲。アリピオは、去年三月まで、この頑固爺さんの下で働いていて追い出された経緯がある。アリピオが副知事になってから、事情に通じているということでまず教育分野の担当にした俺の作戦が裏目に出た。この教師のモラルの問題の対策を口実に、しばらく俺が直接関与すると宣言。

教育委員会の面々は一様に満足そう。この辺、非常につらい。

午後は、国連文民警察署長ポーラを交えて、先週の県政評議会で（遅れに遅れて）提出された教師採用と給料支払いにおける不正の調査報告について会議。去年、この問題に警察の犯罪捜査の観点からの調査を指示したのも俺。調査報告公表は、この二つの調査の整合性を確認してからということに。

二〇〇一年四月三日［火］

昨日夜の国境サレレでの交戦の続報。真相は、併合派民兵らしき武装集団が、国境の川床から国連軍フィジー隊基地に向けて発砲。自動小銃によるもの。これを受けてフィジー隊応戦。インドネシア軍は応戦しなかった模様。負傷者なし。これに前後して、サレレ付近と我が県中央部スアイ飛行場付近で、ほとんど同時刻に発光弾が目撃された。そして、国境海域でも不審な船舶が目撃され、偵察に向かった国連軍ヘリが到着前に逃走。隣のボボナロ県でも同様の事件が発生。

今朝、国連文民警察署長ポーラと協議。昨夜の一連の事件は、組織だった併合派民兵の攻撃との認識の元に、緊急対策本部（DOC：District Operation Center）を発動。やっと文民統治の要になるDOCを本格的に運営する機の到来。一昨日、スアイ国連文民警察分署の隣の一室に、DOC専用の通信機材を設置したばかり。

午前一〇時から第一回のDOC会議。俺を頭に、署長ポーラに実質的な進行を任せ、国連軍情報将校、国連軍事監視団隊長、国連武官でコアを形成する。去年二人の国連軍兵士犠牲者を出した時の教訓から（この辺の歴史を語れるのはスアイでは俺一人になってしまった）、有事の際に交錯しがちな情報の収集経路を全てDO

Cに集中することを確認。この情報交錯の問題は、昨日から今朝にかけてまた実際に起こり、国連軍西部司令部、国連軍ニュージーランド大隊、それにインドネシア軍との調停に当たった国連軍事監視団との間で、混乱を極めた。

NGO、その他の国連援助団体向けには、国境付近への活動自粛、夜間の行動の自粛、無線傍受の徹底という指示を決定、伝達する。

そして、地元社会での風評を最大限にコントロールするために、県知事の俺の名前で事態の説明と、国境への接近の自粛勧告を、ラジオUNTAETで放送することを決定。夕方、ディリ本部を通じてオンエアする。今日から、事態が平常化するまで、DOCは二四時間体制。

午後三時から、県政評議会。地元リーダーたちに、治安情報を伝える。とにかく、インドネシア軍と戦争しているわけではない、ということを子供に諭すように何度も何度も繰り返す。

夜九時、今日第二回目のDOC会議。国境の情勢は平静。今朝から敷いている警戒体制は、このまま明日まで維持。明日朝、第三回目のDOC会議で見なおす。良いドリルになった。

アリピオがまた問題を作る。昨日、あれほど念を押しておいた、教師問題の報告書の公表を国連文民警察の刑事調査が終わるまで待つ、という約束を破り、ディリの人事院に流したことが判明。アリピオ本人は今朝から別件でディリに出張中だが、人事院からの問い合わせで判明する。かの報告書には、犬猿の仲の県教育委員会委員長の名が含まれており、委員長の座から引きずり下ろす狙いだったらしい。かなり厳しいお灸を据えなければならない。

アリピオに限らずかなり広い範囲のリーダーたちに見られる幼稚なまで露骨な足の引っ張り合い。これは、アフリカでも経験しなかった東チモール特有の病気か。極端な疑心暗鬼の文化が二五年のインドネシア占領下で定着してしまったのか。

二〇〇一年四月四日［水］

治安情勢は落ち着いている。午前八時半から緊急対策本部（DOC：District Operation Center）会議。国境付近での援助活動の自粛勧告を解除する。

現在進行中のCivil Registry（市民登録）作業。これが完了しなければ、八月末がターゲットの制憲議会（Constitutional Assembly）の全国選挙は実施できない。市民登録プロジェクトはドイツの丸抱え援助。我が県では一五人の国際スタッフが配属されているが、県知事の俺が現場で統括するものの、ディリの市民登録本部に人事権がある。我が県のチームリーダーは、オーストリア人のR。やり手で人柄も良く俺と馬が合うが、何せ酒癖が悪い。今日、そのスタッフの一人が正式に俺のところに苦情を提出しに来る。週末に朝から泥酔し、このスタッフの家に車で乗り付け、罵詈雑言の限りを尽くしたらしい。同じく、我が行政府事務所の近くに居を構えるポルトガル政府派遣のポルトガル語教師のボランティアたちからも苦情。「ポルトガル人のアホ」（これは分かる）とか「ファック」とかの罵声を浴びせ、ついでに石も投げたらしい。前回の俺の日本への出張中には、泥酔状態で無線機片手に全く呂律の回らない大演説を放送し、我が国連武官のクレッグに取り押さえられる、ということがあった。

仕事ができる奴だけに残念だ。ここまで来ると人事的措置を取らねばならない。しかし、その前に最後のチャンスを与えることにする。誠意ある謝罪と禁酒の誓いを立てることで、被害者の同意を得ること。

やれやれ。

シエラレオーネの件。国連ニューヨーク本部から履歴書再提出の打診があってから、まだ未だに返事がない。もうそろそろ我慢の限界か。

二〇〇一年四月五日［木］

午前三時、無線連絡で目が覚める。国境サレレ（Salele）の西チモール側に常駐している国連軍事監視団から、午前二時四五分頃東チモール側で手榴弾らしき爆発音が確認されたとの連絡。国連軍側の確認に何と一時間もかかる。国境に配備されている国連軍フィジー隊がゴミの焼却中に、その中に紛れこんでいたエアゾール缶の破裂音だとわかり、ずっこける。真夜中に何やってるんだ、まったく。

無線連絡で反射的に目が覚めるようになった。これは良い癖がついた。

今日から二日間デイリで県知事会議。

35 民主主義よ、どこへ行く

二〇〇一年四月六日［金］

ディリにて県知事会議二日目。

ディリ政務局から、Constituent Assembly（制憲議会）関連法案の議題。今月National Council（国家評議会）が却下し、それに怒ったシャナナの辞任の原因となった例の法案だ。この法案は憲法草案の過程でより広くの国民の意見を吸い上げようという精神のもと、県（District）と郡（Sub-District）レベルに制憲委員会を作り、公的なヒアリングをし、憲法草案の下地を造ろうというもの。こんな直截な善意に基づく法案が、国家評議会で却下された背景は、各政党の利己的な思惑によるもの。郡レベルのリーダーシップは一九九九年の騒動以来、ＣＮＲＴ任命の面々。そもそも政治政党ではないＣＮＲＴが政党化している昨今、それに対抗意識がある他の政党たちが、憲法草案の過程がＣＮＲＴにポリティサイズされることを恐れたためである

●ディリから帰省。ヘリから見たスアイ飛行場。

と考えられる。下らない。

今日のディリ政務局の説明は、国家評議会でいったん却下されたこの法案を、ＵＮＴＡＥＴ代表のデメロからのDirective（訓令）として早急に執行しようというもの。数日前にこの決定が下ったとき早速俺の片腕、政務担当民政官のオマールに噛みつかせたのが俺。国家評議会は選挙で選ばれた東チモール人ではなく、ＵＮＴＡＥＴ代表デメロ氏によって〃任命〃された人達だから、たとえその意に反しても〃緊急時〃には、Directive によって執行できるというのがディリ政務局の理由。つまり、この国連暫定統治下、国家評議会には法的な決定権はなく、ただのConsultative Body（諮問機関）であり、ＵＮＴＡＥＴ代表が常に overrule（強権発動）できるという見解。しかし、法的には説明できても、一般の国民の意識からかけ離れている。一般の東チモール人にとって国家評議会は国民の〝代表〟であり、その意見をoverruleするのは独裁的な印象を与え、政治文化が形成途中のこの時期にあんまりではないかというのが俺の意見。

この日のディリ政務局の言い分けは、今回の訓令は、却下された法案と違う内容であるということ。どこが違うのかと俺。違いは一つだけ。郡レベルでの制憲委員会の設置をやめ、県レベルだけにしたとのこと。あとは全て同じ。あまりに苦し紛れだったので、これ以上突っ込む気になれず。それと、やはり、ここでおたおたすると、ただでさえ危うい八月末の制憲議会の総選挙実施予定がさらに遅れる原因を作ってしまう。

しかし、お粗末きわまりない。どうせ訓令を使うんだったら、最初から国家評議会の議事にかけるなっていうの。

二〇〇一年四月一一日〔水〕

我が県に東チモール人知事の派遣決まり！　午前中に内務省閣僚アナ・ペソア女史の事務所から連絡あり。二人の候補者の名が上がり、この内の一人を赴任させたいので、地元のリーダーたちの感触を見てくれとのこと。二人ともこの県出身ではないので、県民全体が非常に〝閉鎖的〟（チモール人であってもよそ者を受け付けない）になっているので、一番何か言いそうなＣＮＲＴの面々を中心に、受け入れの下地を整えなければならない。

これで、ここを離れる立派な口実ができそうだ。副知事のアリピオが少し動揺していたみたいだが、二人の現地人リーダーができるのは、何かにつけパワー・バランスがとれて良いことだ。本当に良かった。

二〇〇一年四月一二日［木］

昨日の東チモール人知事の派遣について情報が交錯。アホみたいな事態。昨日連絡があった二人の候補者は、知事ではなく副知事のポストであるとのこと。どうも内務省は、人事院と全県のコーディネーション課であるOffice of District Affairs（ODA）と何の連絡も取らずに事を行ったらしい。つまり、アリピオともう一人他県の副知事とアナ・ペソアとの間に、知事への昇格の密約があり、空席となる副知事の補充ということだったらしい。アリピオが知事に昇格するのに何の異論もないが、人事院を通さず（昇格審査や公示なしで）人事を行なうのは、縁故主義と捉えられてもしようがないやりかた。人事院からは、この二人の候補者に関して全てのアクションを停止するように指示される。やれやれ。

スアイで逮捕後ディリに送還されたジョアオ・メンドンサ。予想した通り、証拠不充分で釈放される可能性が高くなってきたとのこと。人権担当民政官スーは、この二、三週間寝る暇も惜しんで証言集めに奔走している。華奢な女の子だから、かなり憔悴している。一九九九年九月のスアイ教会虐殺の前後のジョアオの動向を立証する証言が取れそうだが難しい。まず証言者の記憶が薄れてきていること。もう一つは、裁判になったら証人として喚問され被告弁護人から突っ込まれるという覚悟が前提の証言だから尻込みするケースも。

こうやって証言を集めて行くと、併合派民兵が悪さしていた当時、露骨な寝返りとはいかないまでも微妙な保身に徹していた面々のことが表に出てくる。これが暴露されることが今となっては身の危険と考え

●スアイ教会司祭に率いられたイースターの行進。東チモール警官が警護。

る奴も出てくるだろう。スーには、調査を進めるに当たって身の安全に留意するよう釘を指す。

二〇〇一年四月一三日〔金〕

今日はイースター。よってオフィスは休日。朝から国連文民警察総出で交通規制と警戒体制。

二〇〇一年四月一六日〔月〕

このところずっと俺自身の能率性が極端に落ちている。気を引き締めなければ。

アル中のR、ついに年貢の納め時。週末に禁酒の掟をやぶり、またもや大酩酊。今朝、奴のスタッフが市民登録デイリ本部に報告。即刻のデイリ送還が決まる。たぶんくびになるだろう。

いい奴だけに残念だ。

夜、国境近くのサレレ村（Salele）でちょっとした暴動があったとの報告。国連文民警察を派遣。大きな騒ぎには至らなかったとのこと。分析は明日。

二〇〇一年四月一七日［火］

ミーティング、ミーティングの一日。

スタッフ会議では、チモール人公務員の出勤簿の徹底を確認。やはり、最大人数（教師）をかかえる教育部門が課題。

スタッフ会議では、半数以上がチモール人公務員という構成になってきた。副知事アリピオを頂点とする公務員の統制を如何に醸し出すかが課題。

県治安委員会。国連軍ニュージーランド大隊の情報将校に昨日のサレレ村における騒動の報告を指示すると、まだ分析が終わっていないなどとうやむやな答え。諜報の機密性を盾に、文民に対して優位を誇示しようとするちんけな精神。ぽっと出の将校にありがちな態度だ。この情報将校は交替したばかりの新任。ちょっとうんざりだが、また〝教育〟の繰り返し。キツイ調子でこのアホに説教。「軍の諜報活動は、この県治安委員会のような文民統治の権威に監視されないと、この国の文民主導の民主主義形成に負の遺産を残すことになる」、「とにかく国連軍を国内の紛争鎮火に動員するのは一番最後の手。それは文民主導の調停作業の敗北と認識された時のみ」。こやつ目を白黒させていたが、次回からの県治安委員会は、Early Detection of Conflict（紛争の早期発見・分析）を定例議題にすることを宣言、文民主導の調停チームの早期発動を紛争調停の要にすることを再確認する。

県政評議会は、議長を副知事アリピオに任す。制憲委員会の県メンバーの選考が主な議題だったが、指摘されていたモノローグの傾向は影をひそめ、コンセンサスを得る方向に導く努力が見える。なかなかよろしい。

大きな台風がチモール島に上陸しそうだとの報告が入る。緊急対策本部（DOC：District Operation Center）がいつでも発動できるように、今夜は警戒体制。

36 とにかく、和解に銃はいらないのだ

二〇〇一年四月一八日［水］

一昨日のサレレ村でのちょっとした暴動。問題の根は深そうとの感で、この郡のリーダーと会う。サレレ村はこの郡ティロマー（Tilomar Sub-district）の郡庁所在地の町だ。

ことの発端は、この郡内の山間部にあるフォフォルリック（Fohoiulik）という村。親インドネシアの村として知られ、当時はあのラクサール派（Laksar）併合派民兵の拠点となっていた。場所的には国境すぐ近くに位置する。現在でも反独立の村として周りの村からは白い目で見られている。さらに、この郡の大部分の人間はブナック語を話すのに対して、この村だけはテトゥング語圏。これが一段と隔絶感を増す原因に。

公務員教師の再雇用・再編成に伴い、このフォフォルリック村の小学校によそ者、サレレ村出身の教師が転勤することに。しかし、フォフォルリック村の不穏分子から日常の嫌がらせ、恐喝を受け、ついには

教師の〝登校拒否〟という事態に発展。事態を重く見た県教育委員会と我が教育担当民政官のフィリッペがかの郡リーダーを伴って、フォフォルリック村を訪れたのが今月四日。この郡リーダーに付き添ってきたCNRT自警団員と村の不穏分子とのちょっとした言い合いが暴力沙汰に。この自警団員はこっぴどく殴られ、郡リーダーとフィリッペと教育委員会の面々は這這《ほうほう》の体《てい》で逃げ出したという顛末。

俺はこの日、もちろん一番先に報告を受けていたが、ことが親インドネシア派の問題を孕んでいるだけに、刑事事件として文民警察を出動させるのは早計と、俺の意志で考え、この村の背景を調査していた。これに業を煮やしたのが、今度はサレレ村側の不穏分子。自分等の仲間（自警団員）が殴られ、リーダーも危ない目に遭ったのが癪に障り、フラストレーションがエスカレート。はけ口として一昨日の騒ぎとあいなった次第。

もう一つの問題が、この一昨日からのサレレ村における国連軍と文民警察のちぐはぐな対応。国連軍が暴動鎮圧のためにQuick Response Unit（機動部隊）の出動を主張（アホか）。文民警察は、首謀者を夜中に連行し、「インドネシア時代の悪夢の再来」と村人から非難され、さらに国連軍と文民警察のエゴがぶつかり合い、全く連携の体をなさず。今日の俺の介入はタイムリーだったが、この連携の旗のもとに緊急対策本部（DOC：District Operation Center）などをぶち上げたものの、いざ非常時になると絵に描いた餅になる脆弱性が暴露。情けない。

今日、フォフォルリック村と和解作業を開始することをこの郡リーダーと合意。まず最初に俺と彼だけでフォフォルリック村を訪れタウン・ホール・ミーティングを開くことを提案したが、かなり怖がっているよう。自警団員を同伴させたいという。しようがないから、知事としての通常のタウン・ホール・ミーティングというふうに装って、まず俺一人で訪問し、和解作業の地ならしから始めることに。来週の月曜に俺が赴く。

オフィス到着後、文民警察副署長とティロマー郡駐屯の国連軍ニュージーランド中隊隊長を呼び出し会議。国連軍は、武装警護付きの和解会議を計画していたが、これを中止させる。和解会議はあくまで非武装、文民主導の原則の徹底を指示。文民警察には、名前が挙がっていたフォフォルリック村騒動の首謀者の操作開始を、月曜の俺のタウン・ホール・ミーティングの結果が出るまで待つように指示。とにかく和解に銃は必要ないのだ。

しかし、このフォフォルリック村。和解に関わる問題の象徴的なケースになるだろう。

二〇〇一年四月二三日〔月〕

先週のフォフォルリック村事件のフォローアップ。午後三時に、通訳のシマオを伴ってフォフォルリック村に到着。

長老と若者を集めての会議だが、その前にちょっとした事件発生。この村の一人の女性が、昨夜自宅で流産。妊娠五ヶ月だったもよう。その後出血が止まらず、これはヤバイと家人がスアイに向けて走り出した（山間部ではこれしか連絡の方法がない。スアイまでは車で一時間強かかる）時に、ちょうど運良く俺が到着したという次第。早速国連軍に無線連絡。俺がこの女性の状態を見て、俺の車で救急移動するべきか否か軍医から指示を仰ごうとしたが、国連軍ティロマー郡駐屯地から三〇分以内で医療チームを派遣できると言うので待つことに。予告通りに到着。一時間ほど現場で処置をしてスアイに移動。

その間、長老と若者リーダー達と会議。単刀直入にこの村が排他的になっている理由を聞く。意外にも、親インドネシア疑惑や言語の違いを否定する。他県から派遣された小学校教師を拒絶したのは、一ヶ月間に二〜三日しか出勤しない怠慢さを告発しただけとのこと。四月四日に我がフィリッペと郡リーダーが巻き込まれた暴力沙汰では、この郡リーダーのボディガード役の自警団員をボコボコにしたことを素直に認める。和解のムードは大いにあり。よろしい。

理由はどうあれ、ボコボコにしたのはいけない、と俺。暴力を働いた男たちを逮捕しなければならないが、文民警察の出動を今日のこの会議の感触を得るまで俺が止めたのは、刑事事件にすることで和解の芽を摘み取ってしまいたくなかったからだと説得。郡リーダーとの和解会議の即刻の開催を提案。その場でボコボコにした側とされた側との謝罪が演出できるかと問うと快諾。来週月曜日に同じ場所で和解会議の開催決定。

サレレ村とCNRTが復讐のために村を焼き払いにやってくる、という噂がまことしやかに広まっている最中だったということで、今日の俺の訪問はタイムリーだった。

終わり際に、若い衆の親分格と見える男が、今日俺が武装エスコートなしで単身で村にやって来たことを感謝する、とボソッと言う。和解に銃の監視は必要なし。

昨年一一月に発生した、国連軍パキスタン工兵大隊の兵士による地元女性に対するセクハラ疑惑。その後、人権担当民政官スーを焚き付けて国連軍司令部を、独自のBoard Of Inquiry（特別調査委員会）を組織させるまで追い込み、その結果が今日やっと知らされる。パキスタン軍の法律顧問からだ。兵士の二人が証言と一致し処分決定。即刻の国外退去とパキスタン陸軍からの除名。名前は伏せてあるが、被害者の女性にこの旨を伝えるようにとの依頼。大いに結構。これで、地元社会に顔向けが出来る。これは非常に良い前例ができた。今後この手の事件が起きたら、この魑魅魍魎の国連組織をどう動かすか会得した。しかし長い道のりだった。

二〇〇一年四月二五日〔水〕

午後二時、例のフォフォルリック村の一件で郡リーダーと話しにサレレ村へ。月曜日の会議の結果を話し、この郡リーダーとボコボコにされた自警団員を伴ったサレレ村とフォフォルリック村の和解会議の可能性を示唆。フォフォルリック側の謝罪を受け入れる可能性があるかと問うと、十分可能であると言う。被害者は自警団員一人ではなく、拒絶された教師を含め五人に上るが、十分可能であると言う。今週金曜日まで、この五人全てから承諾を取っておくように依頼すると快諾。骨が折れるが辛抱強くやらねば。

スアイ市内で、土地の所有権を巡る言い争いが暴力に発展。なんと我がUNTAETの現地スタッフ（国連軍の通訳）と元Falintil兵士との間の揉め事。現場をたまたま通りがかった国連軍兵士がこの通訳を助けようとしたことに腹を立てた群衆の暴動に発展。怪我人数人でおさまる。Falintil兵士はいまだにポピュラーなので、容易に群集を触発できる。元Falintilの動向は要注意。

夜一〇時、サレレ村でまた騒ぎが起こっているという文民警察からの無線連絡。郡リーダーの被害者五人への説得が裏目に出て、血の気の多い若者達を刺激したのでなければよいが。今夜は警戒。

●サレレ村の小学校にて。家計を助けるためか校内でピーナッツを売る女子児童。

二〇〇一年四月二六日〔木〕

昨日のスアイ市内での土地所有権をめぐる暴力沙汰。この土地は、インドネシア軍人の所有物だった模様。現行の条例では、Abandoned Land（放棄された土地）と見なされ暫定政府管理となる。チモール人で構成される県 Land & Property Committee（土地施設管理委員会）にさらなる調査を命ずる。

しかし問題なのは、騒ぎが起こった時に通りかかり、かの現地人通訳を保護した国連軍アイルランド中隊。この通訳が元 Falintil のグループを〝併合派民兵〟だと罵ったことから、ライフルの銃口を向け威嚇したらしい。今日午後、元 Falintil グループの元締めをやっている人物の訪問を受け、これが判明する。これが噂として広まると、Falintil

に特別の思い入れのある大衆がどう出るか予想がつかない。非常にヤバイ。早速、Falintil の動向をモニターしている国連軍事監視団隊長デビッド（イギリス陸軍中佐）と刑事捜査担当の文民警察官ルー（中国警察）を呼ぶ。デビッドは、この騒動の両者（怪我で入院したが既に退院）を呼んで和解会議を開くことを提案したが、片腕骨折の怪我人が出たうえ刃物を使っての喧嘩に発展した以上、刑事捜査を省くわけにはいかず、刑事捜査が終わるまで和解会議は行なわないことを指示。Falintil の元締めからは、他の Falintil のグループの〝誤解〟を最大限に押さえることの約束を取り付ける。

しかし問題なのは、簡単に銃口を民間人に向ける国連軍だ。これは何とか問題提起しなければならない。西部司令官に持って行くか、アイルランド中隊を管轄するニュージーランド大隊隊長にするか。

土地をめぐる争議の最終手段としての県知事による〝Peace Order〟発効の条例は、まだ完成していない模様。ドラフトを議論したのが去年の末。全く何やっているんだ、中央は。

サレレ村の件。文民警察署長ポーラによると昨日、国連軍がサレレ村からフォフォルリック村に向かう武装した若者の集団を見つけ、解散させたとのこと。報復のためだったらしい。俺と郡リーダーが会う前だったらしい。

二〇〇一年四月二七日［金］

もう金曜日だ。時間が経つのが早い。

サレレとフォフォルリック村の件。郡リーダーと、今週月曜日のフォフォルリック村でのやり取りを話す。サレレ村のボコボコにされた五人のうち二人が同席。フォフォルリック村の謝罪を受け入れる用意があるか確認。快諾。しかし次の和解会議に武装エスコートなしで行くことにまだ躊躇が見える。なんとか説得。郡リーダーのマラリアがまだ全快していないので、フォフォルリック村での和解会議は翌々週の月曜日に行なうことに。

一昨日のフォフォルリック村に向かった武装集団の件。郡リーダーによると事実無根であるとのこと。文民警察と国連軍の誤報だったらしい。何やっているんだ。

とにかく怨念は深い。一九九九年の独立住民投票時、郡リーダーのような独立派の Clandestine（隠密活動）の首謀者は山に身を隠し、年寄り、女子供たちを村に残した。フォフォルリック村は当時併合派民兵の拠点で、サレレ村に急襲をかけ殺戮を行なった。犠牲となったのは、年寄り、女子供たち。とにかくこのケースは和解問題の象徴的なケース。

併合派民兵の総元締めメンドンサ一家のジョアオ・メンドンサが証拠不充分でディリで釈放されたとの報を得る。それも、毎日の出頭、ディリから出ることの禁止などの条件なし。一五日間に一回の文民警察への出頭のみ。こやつがスアイに出没し始めたら、暫定政府は完全に住民からの信頼を失うだろう。早速、事実確認と、釈放に至った情況説明を Serious Crime Investigation Unit（重犯罪調査課）に要求する。こういうディリの面々たちは、日々直接住民に接している現場の現実に思いをはせる能力が著しく欠けている。これをＨＱ（本部）シンドロームという。組織の病気だ。

二〇〇一年四月二九日［日］

ニュージーランド大隊が交替の時期。もう六ヶ月経ったか、早いもんだ。今日はお別れ昼食会。

●俺の横がニュージーランド大隊隊長デイブ。その隣が新任のパキスタン工兵大隊隊長。シャナナ・グスマオに似ている。しかし名前はワヒド中佐（インドネシア大統領の名前）！　冗談みたい。

隊長のデイブと、先日の土地所有権にかかわる元 Falintil 兵士を巻き込んだ騒動の際、アイルランド中隊が群集に銃口を向けた事件について立ち話。情報将校を通じて俺が調査を命じておいたのだ。早速アイルランド中隊を諮問にかけ、事後報告書を作っているとのこと。次の県政評議会で説明したいという。大いに結構。

二〇〇一年五月一日〔火〕

県治安委員会。ジョアオ・メンドンサの釈放の件。国連軍ニュージーランド大隊隊長デイブを含め全員で、ジョアオの釈放の条件の見直し、特にスアイへの接近の禁止をディリに正式打診することを合意。その前に県政評議会の承認を得ることも同意。

県政評議会。コミュニティ・リーダーたちの反応は二つ。一つはジョアオのスアイへの接近禁止。もう一つは、和解会議を大々的に開こうというもの。感情的には分かるが、現実的にはどうやって会場の治安を維持するのかが問題。それに、和解会議へのジョアオの説得を誰の責任でするのか。暫定政府の責任ではとても出来ない。条件付で釈放されている人間を敢えて危険に巻き込むことはできない。できるとしたら、コミュニティ自身だ。二時間近くの議論の末、県治安委員会のディリ打診の提案に同意。

●県内 2500 人の動員力を誇る CNRT 自警団隊長ドミンゴスが東チモール警察に就職。二股はかけられないから自警団を退団することに。国連軍にとって自警団は治安情報収集になくてはならないものだから、これからのリーダーシップ形成を慎重に見守って行かなければならない。

人権担当民政官スーと政務担当民政官オマールに、内

●フォフォルリック村の和解会議にて。俺のとなりは郡リーダー。二人を挟むのは、ボコボコにした側の代表（右）、とされた側の教師の一人。

務省閣僚のアナ・ペソアに宛てた釈放条件の見直しの正式要請書をドラフトさせる。

二〇〇一年五月四日［金］

県知事会議のためディリに滞在中。

ここのUNDP（国連計画）駐在代表からシエラレオーネの件でインタビューがしたいと言ってくる。シエラレオーネの国連ミッションUNAMSILの副代表とこの駐在代表は旧友らしい。県知事会議後会いに行く。ざっくばらんなチャット。どう出るか。

二〇〇一年五月七日［月］

フォフォルリック村の件。一〇

時から同村で和解会議開催。サレレ村からは、郡リーダーと暴力の被害に遭った二人を同伴。被害者は五人だったが、あとの三人は怖がって雲隠れ。この二人が被害者の意見を代表するというふうに無理にこじつける。フォフォルリック村到着。長老たちをはじめ、暴力に加わった青年たちが待っている。さすが強張った表情。

暴力行為に対する謝罪をまず引き出そうとしたが難航。その発端となったサレレ側の暴言に話題が集中。謝罪しない限り文民警察に犯罪調査をさせることになるぞと強迫に近い説得を行なう。少々荒療治だがしようがない。堂々巡りの議論の末、やっと納得。まずフォフォルリック村側の暴力行為に対する謝罪をサレレ側が受け入れ、サレレ側はこの件に関して刑事訴訟などのクレイムを起さない、ということに同意。その場で始末書を作成。関係者一同が署名。双方が握手、抱擁。一件落着。やれやれ。

続いて、フォフォルリック村での村外から派遣された小学校教師の拒否事件に触れる。よそ者の公務員を拒否しつづける限りこの村に政府からの援助は滞るだろう、とこれもまた強迫に近い説得を行なう。長老を含め全員が諦めの表情。とにかく知事の俺の責任で、教師の業務監督を頻繁に行なうことを県教育委員会に命じるから、と元気付け納得させる。教師の宿泊用の部屋も村の中に用意することにも同意。これも一件落着。ワーイ。

二〇〇一年五月八日［火］

ＵＮＤＰ（国連計画）駐在代表から電話。シエラレオーネＵＮＡＭＳＩＬから Chief of DDR（Disarmament, Demobilization & Reintegration：武装解除・動員解除・社会再統合部部長）のポストが提示されたとのこと。これは第一希望だったポストだ。さらにいつ赴任できるかとの打診があったとのこと。三～四週間と答える。

二〇〇一年五月一四日［月］

昨日、二週間の定期短期休暇のため日本到着。

感傷に浸る暇もなく、アフリカへ——あとがきにかえて

日本での休暇中にとんとん拍子に次の国連平和維持ミッション行きが決まり、この章は、西アフリカのシエラレオーネ共和国、首都フリータウンで書いている。イギリスに本部を置く国際ＮＧＯの現場責任者として、この地で働いたのが一九八八年から一九九二年までだから、筆者にとって実に一〇年ぶりの帰還だ。一九八九年から、隣国リベリアの反政府ゲリラが勢力拡大のため侵入を開始し、それに支援を受けたシエラレオーネ国内の反政府勢力による内戦に突入。実に三回のクーデターを経て一〇年間戦い尽くし、現在、国連の平和維持ミッション（ＵＮＡＭＳＩＬ：United Nations Mission in Sierra Leone 国連シエラレオーネ派遣団）が和平と民主的国家建設に向けて介入を続けている。当時、筆者の活動基地があり、大統領の命によって市会議員を務めた（外国人としては前例がないと聞いている）この国第四の市マケニは、現在でも反政府ゲリラの本拠地になっている。

2001年6月16日［土］。東チモールから、パリ経由でギニア、コナクリに到着。そこから国連ヘリで、10年ぶりのシエラレオーネへ。首都フリータウンを臨む。

一九九六年に民主的選挙によって選ばれた大統領アフメッド・テジャン・カッバを戴くこの国におけるUNAMSILの使命は、東チモールにおけるUNTAETのように暫定政府を運営することではない。停戦後も緊張関係が続き、推定で四万五千人いるといわれる反政府ゲリラと親政府民兵の武装解除と社会への再統合（少年兵を含めて）、そして武装解除後の反政府勢力の政治的参加を含めた行政復興の手助けである。

ちゃんとした内閣まで抱える現地政府に寄り添っての作業だから、何事につけ遅々とし、汚職、縁故主義がいたる所に垣間見え、フラストレーションがたまる。俺たち国連が暫定政府を完全運営できたらなぁ、とい

2001年6月20日［水］。リベリアとギニア国境近くの町、コイドゥ（Koidu）を視察。停戦後の今も、依然、反政府ゲリラ RUF（革命統合戦線 Revolutionary United Front）の支配下にある。一人の男が、「あんた、もしかしてプラン・インターナショナル（筆者のアフリカ時代の所属団体）のディレクターか？」と寄ってくる。うれしくなって記念撮影。

う感情が容易に芽生えてくる。やりたい放題できた東チモールが懐かしく思えてくる。非常に危険なことである。

振り返れば、東チモールでの県知事稼業は、この傲慢な感情との葛藤の日々であった。「引き際をわきまえる」と、どんなにかっこいいことを言っても、そこは人間の感情。一度持ってしまった権限、それも大勢の人々の生活を左右するような大きな権限を失うことの空虚感。それを譲渡することへの悪あがき。これは、国連ミッション、それも暫定政府運営という極端なケースだけにとどまらず、ＮＧＯ（非政府組織）を含めた国際協力に関わる全ての人間に当てはまるエゴ

2001 年 5 月 31 日［木］。緊急対策本部シミュレーション訓練の様子。選挙キャンペーン中、二つの政党の支持者グループの間でトラブルが発生。暴動に発展。こんな状況を想定し、アリピオを中心にニュージーランド大隊隊長、文民警察署長らを参加させる。もっと早くやるべきだったが、出発前に間に合って良かった。

2001 年 6 月 5 日［火］。補修が完成したスアイ中央市場。実に六ヶ月以上かかった。筆者の出発までに間に合わせるという配慮で突貫工事。翌日に完成式を開催。

2001年6月7日［木］。補修完成式の次の日。スアイ中央市場管理委員会も組織され、テナントに家賃を課し、管理基金としてプールするシステムも完備。

だと思う。こういうエゴを頭から否定しても何も始まらない。敢えてその存在を認め、前向きに見つめることが、人間のエゴが破壊的な状況を招くことを最大限に押さえるのに、少しは役立つのだと思う。これが、一年余りの県知事稼業の業務日記を公表することにした動機である。

さて、日本での短期休暇からスアイに帰り、引き継ぎに要した時間が約二週間。チモール人県知事が正式に任命されるまでということで、副知事アリピオを県知事代理に。そして、ガンビア人農業専門家サナを国連アドバイザーに任命し、アリピオとの二人三脚体制を作り上げ、慌しくシエラレオーネに発ったのが六月一四日。当初描いていた理想的な引き継ぎとはとても言えないが、まぁ、現実はいつもこんなものである。飽きっぽい性格に相応しい幕切れである。

現在、東チモールでは、八月末に予定されている制憲議会選挙に向けて準備が着々と進んでいるようである。独立抵抗運動の統一的組織であったＣＮＲＴ（チモール抵抗民族評議会）も六月九日に正式解散し、Fretilin（チモール独立革命戦線）一色だと思われた我がコバリマ県でも、一〇以上の政党の候補者が立候補したと聞く。これから選挙活動が活発になる中で政党間の摩擦が暴力事件に発展し、国連軍の出動という事態が起らないよう祈るのみである。

西チモールに在留する難民の問題は依然未解決。人口の一〇％を欠く状態で、東チモール最初の民主的選挙が行なわれることになる。懸案だった、難民の再登録は、インドネシア政府の独断で六月六日から二日間行なわれ、数ヶ国が極少数のオブザーバーを送った。九八％の難民がインドネシア残留を望むという、国境に張り付いていた我々現場の人間が驚く（併合派民兵による脅し等の工作作業があったとしか思えない）結果が出たこの登録作業。作業そのものの公正さが問われる中で、オブザーバーを送ったことで、結果的にこの登録作業に国際的認知を与えてしまったそれらの国の見識が問われる。

一番分からないのは、同じくオブザーバーを送ったＵＮＴＡＥＴ本部。ＵＮＨＣＲ（国連高等難民弁務官）とその他の国際援助組織が活動を再開できるようインドネシア軍が治安回復を保障するまで、どんな登録作業も認めない、という姿勢を貫くべきだった。そして、その交渉を、インドネシア軍との戦略円卓会議（ＴＣＷＧ）を通じて、我々現場の人間に任せるべきだった。明らかに、政務局ディリ本部の失策である。

七月二八日には、我がコバリマ県ティロマー郡の国境付近で、パトロール中のニュージーランド隊とインドネシア軍が交戦。インドネシア軍兵士一人が死亡というニュースが報道された。原因究明の調査が進行中だということだが、西チモールの難民の問題が解決しない限り、国境は緊張し続け、将来もこの手の衝突は容易に起るだろう。問題は、将来国連軍が撤退した後、東チモール国防軍とインドネシア軍が衝突する可能性である。国連軍だから謝罪で済むものの、仇敵同士の衝突は戦争に発展するかも知れない。国境が緊張すればするほど、両国は兵力を投入し軍事出費がかさみ、両国の経済を消耗し続けるという悪循環に陥りかねない。

国境を治める我々現場の人間（特に当時の国連軍西部統括司令官と筆者）には、「国境の武装解除」という明確なビジョンがあった。UNTAET暫定政府の寿命が続く限り、国連軍とインドネシア軍は信頼醸成を重ね、段階的に国境軍備を縮小させる、という使命感があった。それが、東チモール国防軍の創設ということが一人歩きしたお陰で、なし崩しにされた。国境が武装解除されれば、外的な脅威は無くなり、国防軍創設の必要性が無くなるからだ。政治的な意図で、我々のビジョンが黙殺された。これで、今世紀最初の非武装国家誕生の夢が消えた。この独立国が国際舞台で「小さな巨人」になれるチャンスだったのに。もう少し体を張って抵抗するべきだったと後悔している。

＊

この県知事日記は、東チモールの現場からインターネットを通じて筆者のホームページに発信し続けた業務日記を大幅に加筆修正・編集して一書にまとめたものである。荒削りな文章に出版の価値と可能性を見出してくれた藤原書店社長藤原良雄氏に感謝の意を表したい。そして、ここシエラレオーネの筆者へ電子メールを介しての助言と、根気の要る校正作業を一手に引き受けてくれた、同社清藤洋氏に重ねてお礼を申し上げたい。

二〇〇一年八月一日

西アフリカ、シエラレオーネ共和国、フリータウンにて

伊勢﨑賢治

著者紹介

伊勢﨑賢治（いせざき・けんじ）

1957年東京生まれ。早稲田大学大学院都市計画科修士課程修了。インド国立ボンベイ大学大学院社会科学科在籍中に、ボンベイ市内のスラムにて居住権・環境改善の市民運動に加わる。1988年より、イギリスに本部を置く国際ＮＧＯ、Plan International に籍を置き、シエラレオーネ、ケニア、エチオピア現地事務所長を経て、同日本事務局（財）日本フォスター・プラン協会国際援助部長として勤務。（財）笹川平和財団を経て、2000年3月より2001年6月まで国連東チモール暫定統治機構の民政官（コバリマ県知事）として勤務。現在は国連の平和維持ミッション UNAMSIL (United Nations Mission in Sierra Leone：国連シエラレオーネ派遣団）の DDR（武装解除・動員解除・社会再統合）部部長として活躍中。
著書に『インド・スラム・レポート』（1987年、明石書店）『ＮＧＯとは何か』（1997年、藤原書店）『アンペイド・ワークとは何か』（共著、2000年、藤原書店）がある。

東チモール県知事日記

2001年10月30日　初版第1刷発行©

著　者　伊勢﨑　賢治

発行者　藤　原　良　雄

発行所　株式会社　藤　原　書　店

〒162-0041　東京都新宿区早稲田鶴巻町 523

TEL　03（5272）0301
FAX　03（5272）0450
振替　00160-4-17013

印刷・製本　美研プリンティング

落丁本・乱丁本はお取り替えします
定価はカバーに表示してあります

Printed in Japan
ISBN4-89434-252-9

初の「ジェンダーの国際関係」論

国際ジェンダー関係論
（批判理論的政治経済学に向けて）

S・ウィットワース
武者小路公秀ほか監訳

大国、男性中心の歪んだジェンダー関係のなかで作り上げられた「国際関係論」を根本的に問いなおす。国際家族計画連盟（IPPF・国際非政府組織）と国際労働機関（ILO・政府間国際組織）の歴史を検証し、国際ジェンダー関係の未来を展望。

Ａ5上製　三二八頁　**四二〇〇円**
（二〇〇〇年一月刊）
◇4-89434-163-8

FEMINISM AND INTERNATIONAL RELATIONS　Sandra WHITWORTH

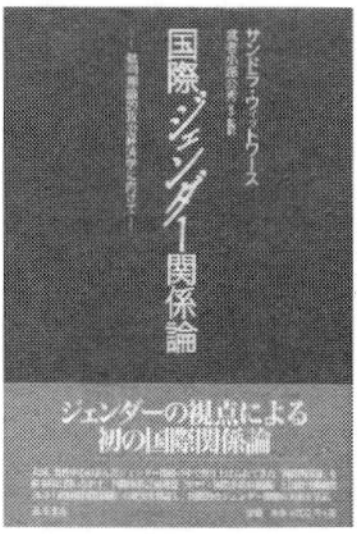

奇跡の経済システムを初紹介

女の町フチタン
（メキシコの母系制社会）

V・ベンホルト＝トムゼン編
加藤耀子・五十嵐蕗子・入谷幸江・浅岡泰子訳

〝マッチョ〟の国メキシコに逞しく存続する、女性中心のサブシステンス志向の町フチタンを、ドイツの社会学者らが調査研究し、市場経済のオルタナティヴを展望する初の成果。

四六上製　三六八頁　**三二〇〇円**
（一九九六年一二月刊）
◇4-89434-055-0

JUCHITAN : STADT DER FRAUEN　Veronika BENNHOLDT-THOMSEN (Hg.)

「食」からみた初の朝鮮半島通史

韓国食生活史
（原始から現代まで）

姜 仁姫（カン・インヒ）
玄 順恵（ヒョン・スンヒェ）訳

朝鮮半島の「食と生活」を第一人者が通史として描く記念碑的業績。キムチを初めとする厖大な品数の料理の変遷を紹介しつつ、食卓を囲む人々の活き活きとした風景を再現。中国・日本との食生活文化交流の記述も充実。

Ａ５上製　四八〇頁　**五八〇〇円**
（二〇〇〇年一二月刊）
◇4-89434-211-1

ラテンアメリカ史の決定版

新装版
収奪された大地
（ラテンアメリカ五百年）

E・ガレアーノ　大久保光夫訳

欧米先進国による収奪という視点で描く、ラテンアメリカ史の決定版。世界数十か国で翻訳された全世界のロングセラーの本書は、「過去をはっきりと理解させてくれるという点で、何ものにもかえがたい決定的な重要性をもっている」（『ル・モンド』紙）。

四六上製　四九六頁　**四八〇〇円**
（一九九一年一一月／一九九七年三月刊）
◇4-89434-064-X

LAS VENAS ABIERTAS DE AMERICA LATINA　Eduardo GALEANO

サイードの一歩先へ

イスラームの国家・社会・法
〈法の歴史人類学〉

H・ガーバー　黒田壽郎訳＝解説

イスラーム理解の鍵、イスラーム法の歴史的実態を初めて明かす。ウェーバーの「東洋的専制」論を実証的に覆し、中東における法と理性の不在という既存の定説に宿る、オリエンタリズムの構造をあばいた、地域研究の最前線。

A5変上製　四一六頁　**五八〇〇円**
（一九九六年一一月刊）
◇4-89434-053-4

STATE, SOCIETY, AND LAW IN ISLAM
Haim GERBER

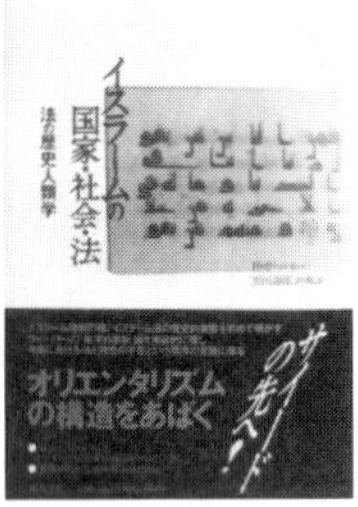

共存の歴史を明かす

イスラーム治下のヨーロッパ
〈衝突と共存の歴史〉

Ch-E・デュフルク　芝修身・芝紘子訳

ヨーロッパ世界とイスラーム世界は果たして水と油なのか？　イスラーム治下の中世ヨーロッパにおける日常生活の歴史から、共存の実態を初めて明かし、二大文明の出会いを描く。

四六上製　三五二頁　**三三〇〇円**
（一九九七年四月刊）
◇4-89434-066-6

LA VIE QUOTIDIENNE DANS L'EUROPE MEDIEVALE SOUS DOMINATION ARABE
Charles-Emmanuel DUFOURCQ

イスラームのインフォーマル経済

商人たちの共和国
〈世界最古のスーク、アレッポ〉

黒田美代子

アラビア語でスーク、ペルシャ語でバザールと呼ばれる、定価方式によらない中東の伝統的市場での積年のフィールドワークから、〝差異を活力とする〟イスラームの経済システムの精髄に迫る。世界初の実証的中東・イスラーム社会研究の誕生。（口絵一六頁）

四六上製　二四〇頁　**二七一八円**
（一九九五年七月刊）
◇4-89434-019-4

西洋・東洋関係五百年史の決定版

西洋の支配とアジア
〈1498-1945〉

K・M・パニッカル　左久梓訳

「アジア」という歴史的概念を夙に提出し、西洋植民地主義・帝国主義の歴史の大きなうねりを描き出すとともに微細な史実で織り上げられた世界史の基本文献。サイードも『オリエンタリズム』で称えた古典的名著の完訳。

A5上製　五〇四頁　**五八〇〇円**
（二〇〇〇年一一月刊）
◇4-89434-205-7

ASIA AND WESTERN DOMINANCE
K. M. PANIKKAR

身体化された社会としての感情

増補改訂版

生の技法

（家と施設を出て暮らす障害者の社会学）

安積純子・岡原正幸・尾中文哉・立岩真也

「家」と「施設」という介助を保証された安心な場所に、自ら別れを告げた重度障害者の生が顕わにみせる近代／現代の仕組み。衝突と徒労続きの生の葛藤を、むしろ生の力とする新しい生存の様式を示す問題作。詳細な文献・団体リストを収録した関係者必携書。

Ａ５並製　三六八頁　**二九〇〇円**

（一九九〇年一〇月／一九九五年五月刊）

◇4-89434-016-X

市民活動家の必読書

ＮＧＯとは何か

（現場からの声）

伊勢﨑賢治

アフリカの開発援助現場から届いた市民活動（ＮＧＯ、ＮＰＯ）への初のラディカルな問題提起。「善意」を「本物の成果」にするために何を変えなければならないかを、国際ＮＧＯの海外事務所長が経験に基づき具体的に示した、関係者必読の開発援助改造論。

四六並製　三〇四頁　**二八〇〇円**

（一九九七年一〇月刊）

◇4-89434-079-8

初の国際フォーラムの記録

介入？

（人間の権利と国家の論理）

Ｅ・ウィーゼル、川田順造編

廣瀬浩司・林修訳

ノーベル平和賞受賞のエリ・ウィーゼルの発議で発足した「世界文化アカデミー」に全世界の知識人が結集。飢餓、難民、宗教、民族対立など、相次ぐ危機を前に、国家主権とそれを越える普遍的原理としての「人権」を問う。

四六上製　三〇四頁　**三二〇〇円**

（一九九七年六月刊）

◇4-89434-071-7

INTERVENIR?——DROITS DE LA PERSONNE ET RAISONS D'ÉTAT

ACADÉMIE UNIVERSELLE DES CULTURES

グローバル化と労働

アンペイド・ワークとは何か

川崎賢子・中村陽一編

一九九五年、北京女性会議で提議された「アンペイド・ワーク」の問題とは何か。グローバル化の中での各地域のヴァナキュラーな文化と労働との関係の変容を描きつつ、シャドウ・ワークの視点により、有償／無償のみの議論を超えて労働のあるべき姿を問う。

Ａ５並製　三三六頁　**二八〇〇円**

（二〇〇〇年一月刊）

◇4-89434-164-6

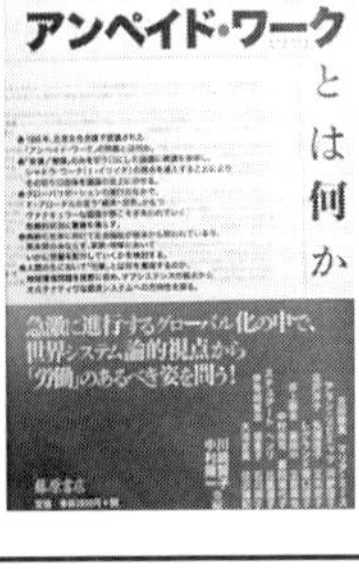